Couverture inférieure manquante

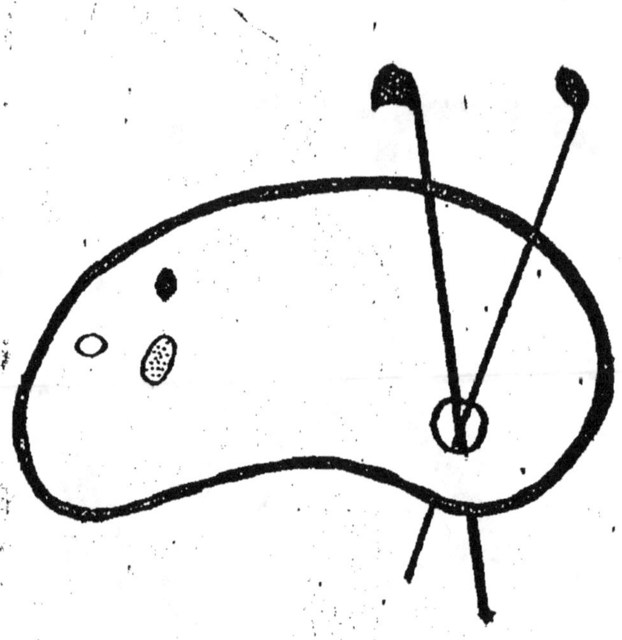

DEBUT D'UNE SERIE DE DOCUMENTS
EN COULEUR

8º R
14946
(242)

Les Conditions modernes de l'accord

ENTRE LA FOI ET LA RAISON

PAR

M. l'abbé de BROGLIE

Avec préface et notes

Par AUGUSTIN LARGENT

Prêtre de l'Oratoire
Professeur à la Faculté de Théologie de Paris

TOME I

PARIS

LIBRAIRIE BLOUD & Cⁱᵉ

4, RUE MADAME ET RUE DE RENNES, 59

1903

Tous droits réservés

SCIENCE ET RELIGION

Études pour le temps présent. — Prix : 0 fr. 60 le vol.

— Certitudes scientifiques et certitudes philosophiques, par l
R. P. DE LA BARRE, S. J., prof. à l'Institut catholique de Paris.   1 vol
— *Du même auteur :* L'Ordre de la nature et le Miracle.   1 vol
— L'Ame de l'homme, par J. GUIBERT, supérieur du séminaire d
l'Institut catholique de Paris.   1 vol
— Faut-il une religion ? par l'abbé GUYOT.   1 vol
— *Du même auteur :* Pourquoi y a-t-il des hommes qui ne pro
fessent aucune religion ?   1 vol
— Nécessité scientifique de l'existence de Dieu, par l
COURBET.   1 vol
— *Du même auteur :* Jésus-Christ est Dieu.   1 vol
id.   Convenance scientifique de l'Incarna-
tion.   1 vol
— Études sur la pluralité des mondes habités et le dogme d
l'Incarnation, par le R. P. ORTOLAN.
I. — *L'Epanouissement de la vie organique à travers les plaines d
l'infini.*   1 vol
II. — *Soleils et terres célestes.*   1 vol
III. — *Les Humanités astrales et l'Incarnation.*   1 vol
— *Du même auteur :* La Fausse Science contemporaine et le
Mystères d'Outre-tombe.   1 vol
id.   Vie et Matière ou Matérialisme et spiritua
lisme en présence de la Cristallo
génie.   1 vol
id.   Matérialistes et Musiciens.   1 vol
— L'Au delà ou la Vie future d'après la foi et la science, pa
l'abbé J. LAXENAIRE.   1 vol
— Le Mystère de l'Eucharistie. — Aperçu scientifique, pa
l'abbé CONSTANT.   1 vol
— *Du même auteur :* Le Mal, sa nature, son origine, sa répa
ration.   1 vol
.. L'Eglise catholique et les Protestants, par G. ROMAIN.   1 vol
— *Du même auteur :* L'Inquisition, son rôle religieux, politique e
social.   1 vol
— Mahomet et son œuvre, par I. L. GONDAL, professeur d'apolo
gétique et d'histoire au séminaire Saint-Sulpice.   1 vol
— *Du même auteur :* L'Eglise Russe.   1 vol
— Christianisme et Bouddhisme (*Etudes orientales*), par l'abb
THOMAS, vicaire général de Verdun.   2 vol
— *Du même auteur :* Dieu auteur de la vie.   1 vol
id.   La Fin du monde d'après la Foi.   1 vol
— Où en est l'hypnotisme, son histoire, sa nature et ses dangers
par A. JEANNIARD DU DOT, auteur du *Spiritisme dévoilé.*   1 vol
— *Du même auteur :* Où en est le Spiritisme.   1 vol
id.   L'Hypnotisme et la science catholique, 1 vol
id.   L'Hypnotisme transcendant en face de l
philosophie chrétienne.   1 vol

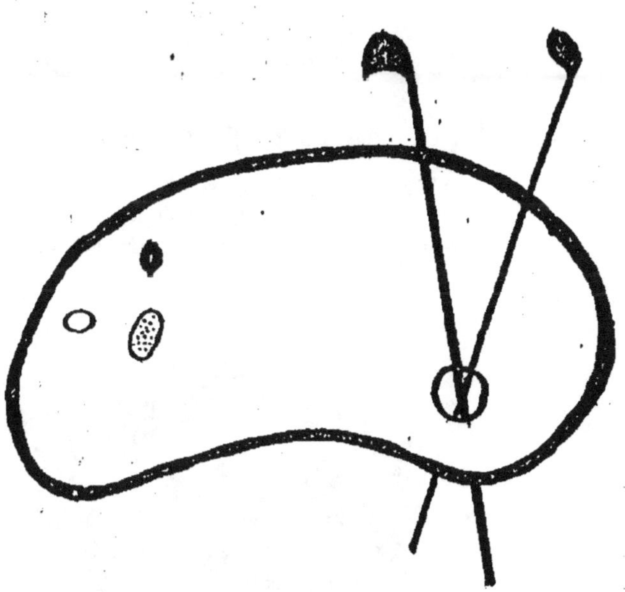

FIN D'UNE SÉRIE DE DOCUMENTS
EN COULEUR

SCIENCE ET RELIGION
Études pour le temps présent

Les Conditions modernes de l'accord

ENTRE LA FOI ET LA RAISON

PAR

M. l'Abbé de BROGLIE

Avec préface et notes

Par AUGUSTIN LARGENT

Prêtre de l'Oratoire
Professeur à la Faculté de Théologie de Paris

TOME I

PARIS

LIBRAIRIE BLOUD & Cie

4, RUE MADAME ET RUE DE RENNES, 59

1903

Tous droits réservés

8° R 14946 (242)

Imprimatur :

Parisiis, die 16ᵃ Decembris 1902

H. ODELIN
vic. gén.

TABLE DES MATIÈRES

—

PRÉFACE 3

PREMIÈRE LEÇON. — La foi chrétienne et la foi de sentiment 7

DEUXIÈME LEÇON. — La foi chrétienne et la volonté de
croire. 28

TROISIÈME LEÇON. — Accord de la raison et de la foi. . . 51

Les conditions modernes de l'accord

ENTRE LA FOI ET LA RAISON

PRÉFACE

Les six conférences que nous donnons au public ont été faites par M. l'abbé de Broglie à l'Institut catholique de Paris dans les premiers mois de 1895, peu de temps avant sa mort ; elles ont pour objet les conditions actuelles de l'accord entre la foi et la raison. La première conférence est intitulée : *La foi de raison et la foi de sentiment* (1). La seconde et la troisième ont pour titre : *La foi chrétienne et la volonté de croire.* La quatrième traite de *La parole de Dieu ;* la cinquième de *l'exclusion a priori du surnaturel* par la critique rationaliste ; et la sixième établit, contre cette même critique, l'authenticité et la véracité des Evangiles qui gardent la parole divine.

D'accord avec toute l'apologétique chrétienne, M. de Broglie déclare hautement que, sans la volonté de croire, l'homme ne croirait jamais. Je l'ai dit ailleurs, « sous l'action de la grâce, la volonté commande à l'esprit le recueillement et l'attention ; elle secoue la torpeur où il était peut-être plongé ; elle entr'ouvre, elle dirige vers le ciel ces yeux intérieurs que le sommeil appesantissait, ou qui ne regardaient que la terre. La volonté, le *cœur*, pour parler comme l'Ecriture, a, dans l'acte de foi, une part essentielle... ; et souvent aussi, pareil à ces souffles qui passent sur les mers et poussent en avant les vaisseaux, l'amour, un amour commençant et imparfait encore, soulève notre

(1) Cette première conférence a paru dans la *Revue de l'Institut catholique de Paris* (mars-avril 1896).

âme et la pousse vers les régions de la lumière (1) ». C'est
à la raison qu'il appartient d'y aborder ; c'est la raison qui,
à certains signes, reconnaît que Dieu a parlé ; mais, même
en présence de ces signes, de ces *motifs de crédibilité*, comme
les nomme la langue théologique, la volonté demeure libre.
Elle peut en détourner l'attention de l'esprit ; tous les
jours, comme le remarque M. de Broglie, l'homme
n'éloigne-t-il pas de sa pensée des vérités indéniables
mais déplaisantes, par exemple, l'idée de la mort ? La
volonté peut aussi opposer des objections spécieuses, par-
fois troublantes, aux preuves du christianisme, lesquelles,
décisives pour quiconque apporte à leur examen une conscience droite et une bonne méthode, n'emportent cependant
point l'assentiment par une évidence directe, à la manière
des premiers principes et des axiomes.

Ce fait constaté, — et quel apologiste, quel théologien
de marque l'a jamais révoqué en doute ? — M. de Broglie
affirme avec une légitime assurance le caractère rationnel
de la foi chrétienne, et la nécessité de motifs de crédibilité
qui soient comme les préambules de la foi. Mais ces
préambules eux-mêmes supposent l'acceptation préalable
d'une vérité fondamentale : l'existence d'un Dieu vivant,
personnel, infiniment parfait. « Qui ne croit pas à un tel
Dieu », écrit M. de Broglie, « qui ne reconnaît d'autre divinité qu'un idéal abstrait ou une nature inconsciente et
aveugle, ne saurait avoir la foi chrétienne et profiter de ses
bienfaits. Un idéal sans vie et une puissance aveugle ne
sont pas des êtres pensants, ils ne connaissent pas la vérité
et ne peuvent la communiquer aux hommes (2)... ». Aux
siècles précédents, l'usage des principes de contradiction
et de causalité paraissait suffire à une démonstration rigoureuse de l'existence et des attributs de Dieu ; mais les
arguments qui contentaient Descartes, Leibniz, Male-
branche, ont peu de prise sur nombre d'intelligences con-
temporaines, anémiées par le subjectivisme kantiste,
faussées par les théories évolutionnistes ou agnostiques.
Certes, M. de Broglie excelle à rajeunir les preuves juste-
ment chères à l'ancienne théodicée ; c'est avec originalité
et vigueur qu'il repousse le reproche d'anthropomorphisme
qu'on adresse à la notion spiritualiste et chrétienne de

(1) *Une station de carême, première conférence : La foi* (Paris, Retaux).
(2) *Troisième conférence : Accord de la raison et de la foi.*

Dieu, et qu'il signale chez nos adversaires l'emploi du procédé d'analogie dont ils nous font un crime. « Qu'est-ce », demande M. de Broglie « que cette nature aveugle et inconsciente qui grandit et se développe sans se connaître elle-même, et qui ne se connaît qu'à la fin de son évolution, quand elle a produit l'homme ? C'est tout simplement une plante ou un arbre divinisé. Cette croissance inconsciente qui se termine par un fruit supérieur à tout ce qui le produit, c'est la vie végétale.

« Pour ne faire pas Dieu semblable à l'homme, on le fait semblable à la plante (1). »

M. de Broglie aurait pu ajouter que l'évolution d'un germe végétal qui se développe, d'un gland qui devient un chêne, si mystérieuse qu'elle soit, n'a rien d'absurde ; il y a là un élément matériel qui évolue conformément aux lois qui lui sont propres ; le chêne superbe est de même nature que le gland dont il sort. L'absurdité, ce serait que le gland, devenu chêne, devînt aussi à la longue conscient et libre ; qu'un élément chimique — moins qu'un gland — après un interminable sommeil et des transformations sans nombre, s'éveillât intelligent, et finît même par s'éveiller Dieu ! Le plus grossier anthropomorphisme n'a rien de pareil.

Si sûre que soit la voie traditionnelle, pour arriver à la connaissance du vrai Dieu, M. de Broglie en a cependant choisi une autre qui lui semblait mieux convenir à l'état présent des esprits. « Nous nous placerons d'abord », dit-il, « en présence de la notion chrétienne et biblique du vrai Dieu, nous tâcherons de bien définir le caractère de Dieu d'après la Bible, et de voir ce que doivent être les effets, la cause étant connue. Puis, nous verrons si les faits expérimentaux, si le monde phyique, si l'âme humaine, ses principes, ses sentiments, ses aspirations, et enfin les faits de l'histoire, peuvent être expliqués en partant de l'idée chrétienne du vrai Dieu, et si cette notion en est la seule explication possible. Ce sera comme une vérification expérimentale de cette idée ; ce sera procéder à la manière des savants qui posent une hypothèse et interrogent ensuite la nature pour en chercher la confirmation, ou pour en reconnaître l'erreur. »

(1) Troisième conférence.

Les lecteurs apprécieront eux-mêmes la sincérité, la force d'esprit, la compétence scientifique qui ont présidé à cette recherche ; en plus d'une page, ils goûteront cette éloquence sévère qui, chez M. de Broglie, vient de la pensée. Dans la révélation chrétienne, dans l'Église catholique, indéfectible et sans cesse conquérante malgré les attaques de ses adversaires et les fréquentes défaillances de ses enfants, dans les vertus que le christianisme inspire et dans les bienfaits qu'il répand. M. de Broglie reconnaît l'œuvre et la manifestation de ce Dieu auquel une philosophie affolée conteste ses perfections essentielles. Dieu est puisqu'il a parlé et agi, puisqu'il parle et agit sans cesse, — *ab actu ad posse valet illatio*, disait la scolastique. « Le fait de cette parole authentique et publique de Dieu confirme » donc « les preuves philosophiques des attributs divins, de la liberté et de la toute-puissance du Créateur (1). » Mais l'Évangile surtout atteste à l'apologiste l'existence du vrai Dieu ; ce livre incomparable lui en fournit « une preuve directe, plus frappante et plus saisissante encore ». L'autorité de l'Évangile une fois établie, — et les deux dernières conférences sont consacrées à cette démonstration, — « nous n'avons qu'à ouvrir l'Évangile pour y voir la bonté du Père céleste, et pour y adorer la parole même de Dieu, cette parole vivante et éternelle qui s'est manifestée dans la chair, et qui est apparue au milieu des hommes, pleine de grâce et de vérité (2). »

Tel est le plan de ces leçons apologétiques. M. de Broglie, s'il n'avait été prévenu par la mort, les aurait sans doute étendues et complétées ; il n'eût ajouté rien au ferme bon sens, à la fine psychologie, à la haute métaphysique qui s'y révèlent. Comme Mgr d'Hulst, tout en reconnaissant les mérites de la pensée contemporaine, il en discernait les erreurs et il en perçait à jour les sophismes. Nul mieux que lui ne savait mettre en lumière les principes de cette philosophie éternelle, philosophie de la tradition catholique et du bon sens à laquelle il faudra toujours revenir.

Augustin LARGENT,
Prêtre de l'Oratoire.

15 octobre 1902, en la fête de sainte Thérèse.

(1) Troisième conférence.
(2) Quatrième conférence : *La parole de Dieu.*

PREMIÈRE LEÇON

LA FOI CHRÉTIENNE ET LA FOI DE SENTIMENT

I

Le sujet que j'entreprends de traiter cette année est actuel et pratique au plus haut degré.

Nous sommes, en effet, dans un moment de crise intellectuelle et morale. De grands et profonds changements s'accomplissent dans les opinions régnantes ; on ne pense plus ce qu'on pensait hier, on ne sait ce qu'on pensera demain. La boussole des opinions et des préjugés dominants semble affolée.

Il y a quelques années, le positivisme était la doctrine dominante ; la métaphysique et la religion étaient également condamnées ; on les tolérait comme quelque chose de superflu, comme une fantaisie et un luxe agréables à certains esprits. La science devait remplacer la religion, elle devait même remplacer Dieu ; elle possédait le secret du bonheur de l'humanité. Elle allait rétablir le règne de la fraternité universelle sur la terre et faire cesser la misère.

C'était encore une opinion très répandue que celle de l'opposition absolue et radicale entre la science et la foi ; entre ces deux puissances, il devait y avoir une guerre à mort, et le triomphe de la science devait être la ruine de la religion. Enfin, il était admis, dans une grande partie du public, que, parmi toutes les formes religieuses, celle qui, plus étroitement soudée que les autres au passé restait enfermée d'une manière plus irrévocable dans des cadres dogmatiques usés, était la religion catholique. Aujourd'hui, la métaphysique renaît, le besoin de la religion se fait partout sentir. Aujourd'hui, nous entendons parler de la faillite ou de la banqueroute de la science. L'auteur éminent de l'article, où se trouve cette parole qui a suscité tant de controverses, déclare qu'en présence de cet échec de la puissance qui semblait devoir renouveler la société, il y a lieu de se rapprocher d'une autre puissance, celle de la religion, et indique l'Église catholique comme l'institution qui lui paraît avoir entre les mains les meilleurs remèdes pour ces maux dont il constate l'existence et la gravité.

Le même auteur énonce une autre opinion qui aurait été traitée de paradoxe, il y a un quart de siècle. Il dit que l'opposition qu'on prétendait montrer entre la science et la foi est chimérique, que chacune a son royaume à part, et qu'il dépend de nous d'être les sujets de l'une ou de l'autre ou de toutes deux à la fois. Cette pensée est diamétralement opposée à l'idée que Taine a exposée éloquemment dans son dernier ouvrage. Là où Taine déclare tout accord impossible, M. Brunetière dit que le désaccord est chimérique. Le premier veut qu'on ne puisse être croyant qu'en sacrifiant toute sa raison. Si l'on en croit le second, il n'y aurait pour profiter des bienfaits de la foi aucun sacrifice à faire, ce serait pure affaire de choix et de volonté. Cette idée que l'accord est très facile entre la raison et la foi parce qu'elles ne se rencontrent pas et vivent dans des régions différentes, commence à être assez répandue. Ce n'est pas une découverte de l'auteur de l'article que nous avons cité ; il l'a puisée dans l'air ambiant. C'est un préjugé nouveau qui tend à se substituer au préjugé ancien, maintenant un peu démodé, de l'opposition absolue entre la raison et la foi. Si cette opinion pouvait être admise sans réserve, si, sous sa forme absolue, elle n'était pas une illusion et une exagération, bien des difficultés de l'apologétique disparaîtraient. Il y aurait à craindre, d'autre part, que l'on n'en tirât des conséquences étranges. On pourrait espérer jouir de tous les avantages que peut fournir la religion chrétienne sans accepter aucune gêne, aucune limitation de l'indépendance de la pensée. On pourrait essayer de recevoir du Christianisme, par une sorte de contrat unilatéral, ce que lui seul peut donner, et on ne lui donnerait rien en échange. Ce serait un système d'accord facile et commode, trop facile et trop commode pour ne pas être suspect. On peut se demander si ce n'est pas une exagération opposée à la précédente et si cette fois encore l'homme ne va pas d'un extrême à l'autre comme le cavalier qui, en faisant effort pour se remettre en selle, tombe de l'autre côté de son cheval. Dès lors, accepter cette opinion sans l'avoir contrôlée par un examen sérieux, serait s'exposer à de fâcheuses désillusions et à de redoutables mécomptes. Aussi rien ne nous paraît plus opportun que de traiter, à nouveau, en présence de la pensée contemporaine, l'éternelle question des relations entre la raison et la foi. Entre ceux qui disent que l'accord est radicalement impossible et ceux qui croient pouvoir supprimer par une séparation absolue des domaines toute possibilité de conflit, il peut exister une opinion intermédiaire. Il peut se faire que l'accord soit possible, mais qu'il exige certaines conditions, qu'il exige même une union des deux puissances dans une même action tout en les laissant indépendantes sous d'autres rapports. C'est la recherche de ces conditions de l'accord entre la raison et la foi, telles quelles se présentent dans l'état actuel des esprits, qui sera l'objet de nos études (1).

II

Commençons par reconnaître que la séparation absolue des domaines dont il est question, serait admissible si le terme de science, au lieu de désigner le savoir humain tout entier, n'était appliqué qu'au seul groupe des sciences physiques, mathématiques et naturelles. Toute cette série de sciences qui ont pour objet le monde visible, les grandeurs et les nombres, n'a que des rapports très éloignés avec les enseignements de la révélation. La parole que nous venons de citer : « Chacune a son royaume à part » appliquée à la science ainsi définie et restreinte et à la religion, est sinon tout à fait exacte, du moins assez voisine de la vérité. Cette parole sera acceptée par les vrais savants qui se reconnaissent incompétents sur la question des origines.

____

(1) N'oublions pas que M. de Broglie écrivait en 1894. Depuis lors, M. Brunetière, nommé dans ces pages, s'est expliqué de manière à écarter tout soupçon de fidéisme. Si, parmi les _raisons de croire_, il en est qui l'attirent et le frappent davantage, il n'en est aucune que rejette ce clairvoyant et vigoureux esprit. Enfin, si avec saint Thomas d'Aquin, M. Brunetière pense que les incertitudes et les défaillances de la raison appellent une révélation, avec saint Thomas encore il reconnaît à la raison le droit de demander à la révélation ses lettres de créance. (A. L.)

Elle sera acceptée également par les théologiens catholiques. Saint Thomas d'Aquin enseigne que les auteurs inspirés n'ont pas traité de questions scientifiques proprement dites et que, lorsqu'ils ont décrit les phénomènes naturels, ils ont parlé selon les apparences. Léon XIII, dans sa récente encyclique (1), a répété cet enseignement du docteur angélique. Cette parole magistrale et souveraine, dissipant un malentendu séculaire, clot la série des prétendus conflits entre les sciences physiques et la religion. C'est, il faut le dire, la fin d'une des grandes difficultés de l'apologétique chrétienne. Quand cette idée se sera répandue dans les esprits, quand les savants cesseront de vouloir sortir des limites de leur compétence en posant des affirmations téméraires relatives aux origines mystérieuses du monde qu'ils étudient, quand, d'autre part, ils cesseront de craindre une invasion de la théologie sur leur domaine, un grand pas sera fait vers la réconciliation des esprits.

Si c'était là seulement ce que voulait dire M. Brunetière, nous ne pourrions que l'approuver ; mais il semble être allé beaucoup plus loin et n'avoir pas tenu compte d'une considération dont l'importance est immense. Il ne paraît pas avoir remarqué que les sciences physiques et mathématiques ne comprennent pas la totalité du savoir humain.

Ici, nous devons signaler, en passant, une étrange équivoque du langage contemporain. Le terme de science est pris dans deux significations très différentes : tantôt il désigne seulement l'ensemble de ces sciences spéciales qui traitent du monde visible, tantôt il s'étend de manière à comprendre l'histoire et les sciences morales.

L'origine de cette équivoque paraît être l'immensité des progrès des sciences physiques et mathématiques en notre siècle, et le prestige éclatant des découvertes merveilleuses qui ont permis aux savants de transformer les conditions de la vie matérielle de l'homme. Ces sciences ont paru si glorieuses que les études d'un autre ordre, celles qui concernent l'homme, ses passions, ses mœurs et son histoire, ont voulu, par une humilité qu'elles n'avaient pas autrefois, se couvrir de leur patronage en prenant leur nom. Des trois hommes qui paraissent avoir exercé sur leurs contemporains la plus puissante influence, Auguste

<hr>

(1) Encyclique *Providentissimus Deus* sur les Études bibliques.

Comte, Taine et Renan, le premier seul était savant de profession : Taine était historien, Renan philologue, tous deux philosophes ; tous deux, à une autre époque, auraient considéré leur talent littéraire comme leur plus grand titre de gloire, et cependant l'un et l'autre ont constamment parlé de la science en appliquant ce terme aux sciences physiques. L'une de leurs principales ambitions a été d'être associés aux études proprement scientifiques, de vulgariser les sciences, d'en tirer des conclusions et de travailler à l'établissement de leur empire exclusif sur les esprits.

On ne saurait nier cependant qu'il y ait deux ordres d'études très distincts, celles qui regardent le monde visible, le nombre et la mesure de l'étendue, et celles qui concernent l'humanité, son histoire, ses lois physiologiques et morales. Que cette seconde partie du savoir humain mérite ou ne mérite pas le nom de science, que ses procédés et ses méthodes soient ou ne soient pas décorés du titre de scientifiques, peu importe ; ces deux portions de l'ensemble de nos connaissances n'en sont pas moins réelles et distinctes l'une de l'autre, et c'est précisément cette équivoque qui semble avoir égaré ceux qui prétendent supprimer toute possibilité de conflit entre la raison et la foi par une séparation absolue de leurs domaines. En effet, ce qui est vrai des sciences mathématiques, physiques et naturelles, ne saurait être vrai de l'autre partie du savoir humain, celle qui comprend l'histoire, la philosophie, les sciences morales, celle qui traite de l'homme et non de la nature physique.

Là, se trouvent de nombreux points de contact entre les doctrines rationnelles et l'enseignement de la révélation. Dans ce vaste domaine, la foi et la raison vivent ensemble et se rencontrent très fréquemment. On ne peut donc pas échapper à la recherche des conditions de leur accord par cette prétendue séparation complète de leurs domaines.

Il faut aborder le problème en face et s'efforcer de le résoudre.

III

Ce qui rend plus difficile l'étude de cette vaste et imposante question, c'est la nécessité où nous sommes, en raison de l'état des esprits, de la traiter par une méthode nouvelle.

Voici comment procédaient ceux qui ont traité ce sujet pendant le dernier siècle et pendant celui qui touche à sa fin. Ils considéraient la foi et la raison comme deux autorités distinctes, l'une personnifiée dans l'Église chrétienne, l'autre représentée à l'état concret par la société des gens éclairés, chacun ayant ses principes et ses doctrines.

De ces deux autorités, l'une, celle de la raison, paraissait incontestée, tout le monde croyant et voulant être raisonnable, tout le monde étant censé l'être.

L'autre, celle du christianisme, était en question. Il était donc naturel de chercher à montrer que la seconde était d'accord avec la première, et, par conséquent, de soumettre les preuves et les principes du christianisme au tribunal de la raison humaine qui devait les apprécier.

Sans doute on avait soin, pour bien maintenir la dignité de la révélation chrétienne, de limiter ce contrôle aux preuves de la parole divine et de refuser à la raison le droit de juger et de critiquer les dogmes proprement dits.

Néanmoins, on supposait toujours l'existence d'une autorité intellectuelle incontestée, antérieure logiquement à celle de la foi, et à laquelle le christianisme présentait ses titres de créance. Cette méthode est-elle applicable aujourd'hui ? Pour qu'elle le fût, il faudrait qu'il existât dans notre société un ensemble de principes et de doctrines assez généralement admis pour pouvoir être considérés comme représentant la raison humaine. Il n'est pas nécessaire, sans doute, et il n'est pas possible que la raison soit représentée comme l'est la foi chrétienne par une autorité vivante et officielle. Mais, à défaut d'une telle autorité, il pourrait exister, et il a existé autrefois, un accord unanime du public sur certains principes de la raison permettant de dire que telle ou telle assertion est contraire ou conforme à la raison.

Cela existe pour les lois du langage.

Ce n'est pas l'Académie qui les fixe, c'est l'usage ; et cependant elles sont si bien connues et observées qu'aucune violation de ces lois ne reste impunie. Cela existe aussi pour certaines doctrines mathématiques et physiques. Cela pourrait exister et a existé dans une certaine mesure, en d'autres temps, pour les lois de la pensée, en général. On pouvait alors parler du tribunal de la raison comme d'une réalité. Mais aujourd'hui ce tribunal n'existe plus qu'à l'état idéal.

Les juges de ce tribunal ne peuvent pas siéger, faute de lois applicables. Tous les principes de la raison sont mis en question et discrédités par une critique à outrance. Les formules mathématiques et les lois physiques subsistent seules à titre de données incontestées, mais ces principes ne s'appliquant pas à la religion, nous n'avons pas à en parler.

Quant aux autres principes, jadis reconnus comme formant le code de la raison, que sont-ils devenus ?

La raison défendait autrefois d'admettre un effet sans cause ou un effet supérieur à sa cause ; l'évolution athée est la négation de ce principe. La raison excluait la coexistence de notions contradictoires ; Hégel a fait de l'identité du différent, c'est-à-dire de la contradiction sous sa forme la plus absolue, le principe d'une philosophie qui a droit de cité dans le monde de la pensée.

Si quelque chose semblait évident, c'était le principe choisi par Descartes comme fondement de toute connaissance, l'identité de la personne humaine, la persistance et la simplicité du sujet pensant. C'est maintenant une opinion démodée. Le moi n'est plus qu'une apparence, il est purement phénomène, il n'est qu'un groupement passager de sensations et de phénomènes ; on admet des *moi* successifs, des *moi* multiples sans que la raison proteste, et on laisse la grammaire seule protester contre un pluriel barbare qu'elle s'obstine à ignorer. Le devoir était jadis le fondement même de la morale. Maintenant on en fait un résultat de l'hérédité et un préjugé que la science fera disparaître. On annonce une morale nouvelle sans obligation ni sanction. La liberté passait pour être le plus glorieux privilège de la nature humaine ; elle disparaît aujourd'hui dans le gouffre du déterminisme. L'idée de Dieu semblait être la partie la plus noble du patrimoine de la raison : c'était la gloire de la raison de pouvoir s'élever de l'effet à la cause, du visible à l'invisible ; aujourd'hui voici que nous lisons dans l'écrit d'un homme qui a été l'un des maîtres les plus écoutés de la jeunesse : « Il n'y a plus de religion naturelle, il n'y a que des religions positives ». Le Dieu du « Vicaire Savoyard », de Robespierre, des bonnes gens et des philosophes universitaires, a vécu. Ainsi tous les principes qui semblaient incontestables ont disparu, et si l'on veut donner le nom de raison à l'ensemble des doctrines admises dans le public éclairé, la raison d'aujourd'hui serait le contrepied de celle des siècles précédents. Que sera celle de demain ? On ne peut le dire ; mais à voir le développement actuel des théories de l'occultisme, du spiritisme, du néobouddhisme, on peut se demander s'il n'y aura pas une époque prochaine où ces doctrines malsaines et bizarres s'empareront de la masse des esprits et sembleront faire partie de la science publique du jour. Il est donc impossible, à notre époque, de demander à la raison de poser elle-même les conditions d'un accord avec la foi. La raison à laquelle on aurait ainsi recours, ou bien serait une raison idéale et abstraite, sans action sur les esprits, ou bien ne donnerait que des réponses incohérentes, contradictoires et sans autorité.

Que faire alors et comment résoudre ce problème ?

Le seul moyen, selon nous, c'est de changer de méthode et de placer les parties contractantes dans une situation relative inverse. Au lieu de nous adresser d'abord à la raison, nous nous tournerons vers le christianisme, nous demanderons à la religion de poser elle-même les principes de cet accord et nous traduirons la pensée contemporaine devant son tribunal.

Nous nous trouverons ainsi en présence d'une autorité vivante qui a des principes fixes et déterminés, qui sait ce qu'elle est, ce qu'elle doit enseigner et ce qu'elle doit exiger en échange des services qu'on lui demande. Nous placerons en face de la religion chrétienne la pensée contemporaine avec ses faiblesses, ses incertitudes, son scepticisme et son orgueil, et nous verrons quelles modifications devra subir cette pensée pour s'accorder avec le christianisme et profiter de ses bienfaits.

Selon la doctrine de l'Église catholique et selon l'enseignement des apôtres, la foi chrétienne consiste essentiellement dans l'adhésion de l'intelligence à une parole divine. La foi suppose une révélation divine. Elle est l'assentiment donné à cette révélation. Cet assentiment doit être volontaire, mais il ne doit être ni capricieux, ni aveugle ; il doit être consciencieux et motivé. L'assentiment ne doit être donné qu'en s'appuyant sur des motifs suffisants, appréciés par la conscience.

Cette définition de la foi chrétienne est souvent ignorée et mal comprise, même par les chrétiens. Elle fait cependant partie de l'enseignement formel de l'Église. L'Église ne prétend à être infaillible que parce qu'elle est l'organe d'une parole divine, et elle ne demande à être crue qu'en présentant les preuves de sa mission.

Il en a été ainsi dès l'origine. Si nous ouvrons les Actes des Apôtres pour y chercher le sujet des premières prédications de l'Évangile, ou si nous cherchons dans les Épîtres de saint Paul les principes de son enseignement, nous voyons que la doctrine chrétienne est donnée d'autorité comme venant de Dieu et que les preuves de cette origine divine sont présentées en même temps que les doctrines qui doivent être l'objet de la foi. Aux Juifs, il est parlé du Messie annoncé par les Prophètes et des Écritures qui sont accomplies dans sa personne. Aux païens, il est parlé du Dieu unique et invisible qui a créé le ciel et la terre. Aux uns et aux autres, il est parlé de la Résurrection du Christ attestée par des témoins oculaires, par cinq cents fidèles, dit saint Paul, et ce fait unique et inouï de la vie glorieuse de Jésus succédant à son séjour dans le tombeau est donné comme la preuve et la garantie de la parole divine. C'est donc bien un enseignement divin, garanti comme tel par des preuves, qui est présenté aux hommes, et la foi qui leur est demandée est une conviction motivée. Ce que les Apôtres ont fait à l'origine, l'Église a continué de le faire de siècle en siècle. Constamment elle a présenté aux fidèles à la fois les dogmes qu'il faut croire parce que Dieu les atteste, et les preuves du témoignage divin. En notre siècle, elle a, en présence du scepticisme croissant, insisté davantage sur cet important enseignement. Un illustre converti, l'abbé Bautain, lassé et découragé par le scepticisme qu'il avait puisé dans les livres des philosophes, a voulu enseigner que la raison est impuissante et que la foi doit être aveugle ; l'Église lui a fermé la bouche ; il a dû reconnaître que, selon la doctrine catholique, « l'usage de la raison précède la foi et y conduit avec le secours de la révélation divine et de la grâce ».

En déclarant ainsi que la foi doit être appuyée sur des motifs raisonnables, l'Église ne nie pas le rôle de la volonté dans la foi. Elle ne nie pas non plus que la foi ne puisse être appelée un sentiment du cœur. La grâce, la volonté, la conscience, le cœur concourent à produire l'acte de foi, mais la raison joue aussi son rôle capital et essentiel ; là où elle n'entre pas, ce n'est plus la foi, c'est l'enthousiasme et le fanatisme.

Il est facile, d'ailleurs, de comprendre que, sans cette intervention de la raison pour justifier la croyance, la foi chrétienne perdrait sa fermeté, sa prééminence et son efficacité réelle ; c'est cette connaissance d'une parole divine, c'est cette conviction motivée qui permet au chercheur de s'appuyer non sur lui-même, mais sur Dieu.

C'est cette conviction qui lui permet de recevoir d'en haut une règle morale qui ne fléchit pas devant la passion et n'est pas altérée par le scepticisme.

Il faut choisir : ou croire à la parole de Dieu, ou ne croire qu'à soi-même ; ou recevoir une lumière d'au-dessus de soi, ou se contenter de l'idéal que peuvent créer nos facultés subjectives.

Si on veut trouver dans le christianisme un secours efficace, il faut le prendre tel qu'il est, comme une parole de Dieu. Mais une parole de Dieu n'est possible et concevable que si Dieu est un être personnel, s'il possède la vérité et peut la communiquer aux hommes. Une telle parole n'est infaillible et souveraine que si Dieu est l'être parfait souverainement véridique. L'union en Dieu de la personnalité libre et de la perfection morale est la condition nécessaire d'une parole divine. Un Dieu impersonnel, une nature aveugle et inconsciente, ne saurait parler aux hommes. Un Dieu, qui ne serait pas la perfection morale vivante, ne mériterait pas d'être cru et obéi. Il faut donc, comme condition de la foi chrétienne, posséder l'idée de l'Être parfait. Il faut aussi savoir, il faut être convaincu par des raisons suffisantes que cet être a parlé aux hommes, qu'il leur a manifesté sa parole et ses lois. La foi, supposée divine, donne la connaissance de deux vérités, une vérité philosophique, l'existence du Dieu parfait et personnel, une vérité historique, le fait de la révélation. Ce sont les deux colonnes sur lesquelles reposent la conviction et l'espérance du chrétien.

Quand cette double connaissance disparaît, la foi est sans base, le témoignage divin s'évanouit, il ne reste qu'une possession humaine sans valeur et sans autorité.

Où le croyant pourra-t-il puiser cette double connais-sance ? Ce n'est pas dans la révélation puisque c'est l'auto-rité même de la révélation qui est en question ; ce n'est pas dans les sciences physiques et naturelles qui sont incompé-tentes au point de vue religieux. C'est dans cette partie in-termédiaire du savoir humain dont nous avons parlé, c'est dans ce domaine connu où vivent, tout ensemble, la foi et la raison. Nous voyons mieux maintenant la nécessité de cette coexistence dans la même région des deux principes de connaissance. Nous voyons que ce n'est point par hasard et accidentellement qu'ils se rencontrent, que c'est par suite même de leur nature, la raison ayant besoin de la foi pour combler ses lacunes et fortifier ses convictions, et la foi ayant besoin de la raison pour établir ses preuves. Nous ne pourrions pas croire, dit saint Augustin, si nous n'avions pas des âmes raisonnables. Ainsi s'écroule de nouveau plus complètement la théorie elle-même de cette absolue séparation des deux domaines de la foi et de la raison.

IV

Nous connaissons maintenant suffisamment ce qu'est la foi chrétienne et quelles sont ses exigences.

Il nous reste à écouter l'autre partie contractante, c'est-à-dire la raison humaine, non pas la raison idéale et abs-traite, mais la raison d'aujourd'hui, ou, si l'on veut, la pensée contemporaine.

Voyons quels sont les caractères qui la distinguent, quels sont ses besoins, et quel accueil elle est disposée à faire aux conditions que propose la religion chrétienne.

Ce qui paraît caractériser la raison humaine telle qu'elle existe de nos jours c'est, d'une part, d'avoir un très grand besoin de la religion, de sentir profondément le vide que produit l'absence de la foi et l'impossibilité de remplacer les enseignements de la foi par aucune doctrine humaine ; c'est, d'autre part, d'ignorer profondément les bases de la foi chrétienne que nous venons de définir, de les considérer comme incertaines et inaccessibles, et d'avoir une sorte de répulsion contre toute tentative de prouver la vérité du christianisme. Bref on préfère à la foi chrétienne une foi sentimentale.

La raison moderne possède certainement une grande puissance d'observation, d'analyse, de calcul, de raisonnement abstrait. Elle a réalisé des progrès immenses dans les sciences physiques et naturelles. Elle est parvenue à élucider de nombreuses questions historiques. Elle a des procédés et des méthodes d'une rigueur et d'une sûreté inconnues jusqu'à nos jours, Mais elle est, sous un autre rapport, atteinte d'une profonde, douloureuse et, en apparence, incurable infirmité.

Elle est incapable d'arriver à des conclusions certaines relativement au problème de la destinée humaine et aux principes qui doivent éclairer la conscience et gouverner les actions des hommes. Elle parvient à acquérir la science des détails, elle ne peut créer cette science pratique de l'ensemble de la vie qui se nomme sagesse. Elle produit des érudits et des spécialistes, elle ne peut créer des sages. Elle découvre les moyens physiques les plus puissants pour diminuer les souffrances de l'humanité et pour accroître son bien-être. Elle ne peut presque rien pour son vrai bonheur. Malgré toutes les ressources que procure la nature mieux connue, la misère semble aussi cruelle, la plainte de l'humanité monte vers le ciel avec la même amertume.

La raison d'aujourd'hui parcourt l'immense domaine de l'Histoire, de la psychologie et des sciences morales ; elle recueille des faits, elle corrige des erreurs, elle détruit des préjugés, mais lorsqu'on lui demande de tirer de ses efforts et de ses travaux une conclusion relative à la fin de l'homme et au but de la vie, elle est obligée de dire qu'elle ne sait rien.

L'énigme de la vie humaine est aussi insoluble à la fin qu'au commencement de ses recherches. Elle l'est même davantage, car ce que fait la raison moderne par sa critique à outrance, c'est de s'attaquer à toutes les solutions provisoires de cette énigme que favorisaient les religions et les philosophies d'autrefois, c'est de les déclarer impuissantes sans pouvoir rien mettre à leur place.

Nous n'avons pas à chercher, en ce moment, d'où vient cette impuissance, nous constatons le fait. C'est d'ailleurs celui qui a été constaté par M. Brunetière sous le nom inexact de faillite de la science. Les sciences physiques n'ont pas fait faillite, elles tiennent ce qu'elles promettaient, peut-être plus qu'elles ne promettaient, elles accroissent immensément l'empire de l'homme sur la nature en lui révélant les lois secrètes qui régissent les phénomènes visibles. Ce sont les sciences morales qui, traitées par la méthode moderne, ont fait faillite. Elles étaient tenues à apprendre à l'homme à se gouverner lui-même, elles n'y ont pas réussi.

C'est à la suite de la douloureuse constatation de cette impuissance que certains esprits sérieux, sentant le besoin de réparer le mal produit par une critique imprudente, se tournent vers la religion pour lui demander son aide et son appui. Notre raison est impuissante, disent-ils, notre sagesse est à bout de voies ; venez à notre secours ; nous périssons par le scepticisme, sauvez-nous par l'affirmation de la foi. Mais voici, semblent-ils ajouter, comment nous désirons être secourus. Ne nous demandez pas de suivre l'ancienne route de l'apologétique, cette route longue et abstraite au travers de la philosophie et de l'histoire, de démontrer l'existence de Dieu par des raisonnements qui ne nous satisfont pas, de discuter et d'apprécier les preuves de la religion. Ce serait nous demander l'impossible. Si, en effet, nous nous reconnaissons impuissants pour résoudre le problème de la destinée humaine, nous le sommes également pour établir les règles rationnelles de la foi. Vous nous dites de chercher Dieu dans le monde visible, nous le cherchons, nous ne le trouvons pas. Le monde nous paraît gouverné par des lois cruelles et aveugles, le hasard et la fatalité s'en disputent l'empire.

Vous nous dites d'interroger le cœur humain et la conscience : Nous y trouvons, sans doute, le besoin de Dieu, le besoin d'une justice qui répare les iniquités d'ici-bas, le besoin du pardon, mais qui nous dit qu'il y a au-dessus de nous quelque chose qui réponde à ces aspirations des âmes? N'est-ce pas le propre de l'homme de poursuivre l'idéal qu'il ne peut atteindre, n'est-ce pas même sa gloire de ne pas être satisfait par la réalité?

Vous nous dites d'interroger l'histoire pour y trouver une parole divine ; mais nous entendons des voix confuses et contradictoires qui, toutes, prétendent venir du ciel, nous voyons partout l'affirmation du miracle, mais nous sommes impuissants à le constater. La légende se mêle si étroitement à l'histoire que le triage nous paraît impossible.

Cessez donc de nous demander ce que nous sommes incapables de faire. Le mystère qui règne sur l'origine du monde et de l'homme, couvre aussi l'origine de la religion. Si nous venons à vous, c'est parce que nous sommes à bout de voies et incapables d'aucune certitude.

Vous nous demandez d'user de notre raison ; ce que nous vous demandons, c'est de nous dispenser d'y avoir recours, de la remplacer par une autre lumière. La foi, ajoutent-ils, n'est pas une affaire de raisonnement et d'expérience. La foi est une affaire de cœur et de volonté. Vous le dites vous-même, quand vous voulez toucher les hommes, vous faites appel à leur cœur.

La foi est aussi l'effet de la grâce et non celui du raisonnement. Donc vouloir croire, désirer la foi, demander la foi, voilà ce qu'il y a à faire ; la raison n'entre pour rien dans la formation de la foi. Ne nous demandez pas de prouver la religion. Affirmez ce que vous savez, enseignez-nous ce que vous voudrez, pourvu que vous ne touchiez pas aux sciences physiques, les seules incontestées ; tout est incertain dans ce que la raison cherche, tout est ruine dans son domaine. Sans doute nous ne pouvons promettre de vous croire ; la foi ne se donne pas, on croit ce qu'on peut. Ceux qui pourront, vous croiront ; les autres ne protesteront pas et feront alliance avec vous.

V

L'Église catholique est pleine de compassion pour toute espèce de misères et animée d'un désir ardent de remédier à tous les maux des âmes parmi lesquels le doute et l'ignorance sur le but de la vie sont des plus grands. Nul doute alors qu'elle n'accueille avec charité un tel appel, s'il lui est adressé par des cœurs sincères et dociles. Seulement elle ne se contente pas de cette foi purement sentimentale, provenant exclusivement des besoins du cœur et produite par la volonté. Elle s'efforcera de réformer l'intelligence de ceux qui s'adressent à elle et d'en chasser le scepticisme. Elle emploiera, pour cela, les moyens qui lui paraîtront convenables ; elle choisira, parmi les motifs qui peuvent appuyer les convictions chrétiennes, ceux qui seront les plus efficaces. Peut-être la simple parole, le témoignage de l'Eglise fortifié par le spectacle de sa vie et de ses œuvres, suffira-t-il pour prouver à la fois l'existence de Dieu et la mission divine de l'Eglise qui parle en son nom. Peut-être sera-ce la personne du Christ qui, connue et aimée, servira d'appui légitime à la foi, et le témoignage du Fils de Dieu qui détruira dans l'âme tout doute sur l'existence et la bonté parfaite de Celui que Jésus appelle son Père. L'Eglise, en un mot, fera en sorte, par divers moyens, que la foi purement sentimentale devienne une conviction motivée et s'empare de l'intelligence après avoir conquis le cœur et la conscience. Ce que nous disons de ceux qui vivent ainsi en dehors de l'Eglise s'applique à plus forte raison aux enfants de l'Eglise qui ont reçu la foi par tradition et l'ont conservée fidèlement. L'Eglise leur demande, leur impose même, de bien connaître l'existence de Dieu et de la révélation, mais elle ne saurait faire des études philosophiques et historiques une condition préalable de l'union à Dieu que procure la foi. Cette union existe déjà et se prouve de même par ses effets bienfaisants. Mais ce que l'Eglise ne saurait accepter, c'est que la foi aveugle et sentimentale soit érigée en système, c'est qu'elle soit posée comme la base de l'accord entre la raison et la foi. Ce système, en effet, serait tout ensemble contraire aux exigences légitimes de la foi et aux droits de la raison. De plus, au lieu de produire l'accord, il produirait nécessairement la désunion et le conflit.

Une croyance sans motifs, nous l'avons dit plus haut, n'est pas la foi chrétienne. Que pour les individus, ces motifs puissent être divers, que tous les esprits ne soient pas accessibles aux mêmes preuves, que quelquefois les motifs de croire existent sans que celui qui les possède en ait conscience, nous l'admettons volontiers ; mais exclure systématiquement les motifs de croire et surtout les grandes raisons d'être chrétiens qui ont fait, depuis l'origine, le thème des prédications publiques de l'Eglise, qui sont ses lettres de créance adressées à l'humanité entière, ce serait un abandon de sa mission, une sorte d'abdication.

La raison ne paraît pas moins blessée que la foi. Dans quelque état de misère que soit tombée la raison humaine, en notre siècle il lui reste cependant assez de lumière pour sentir que la conviction, quand elle n'est pas produite par l'évidence ou par le raisonnement, doit être appuyée sur un témoignage digne de foi, et que croire aveuglément est un acte irrationnel, un acte superstitieux ou un effet de la passion.

On a souvent reproché à l'Église d'imposer son autorité sans motifs, de tyranniser ainsi la raison. En cédant à la demande qui lui est faite aujourd'hui, elle se rendrait digne du reproche injurieux qui lui a été adressé ; elle perdrait tout moyen de s'en justifier et serait tombée dans un piège.

Quel accord, d'ailleurs, espère-t-on établir entre une raison qui suit les procédés rigoureux de la science et de la critique modernes et une croyance aveugle et enthousiaste ; ne voit-on pas que l'opposition des principes produira le conflit? Ils se meuvent, dit-on, dans des plans différents. Il se fera un partage de leur domaine. Nous avons vu que ce partage est impossible au point de vue objectif. Il y a une région commune où la raison et la foi habitent ensemble et d'où l'on ne peut exclure ni l'une ni l'autre.

Essayera-t-on de faire ce partage d'une autre manière, de supposer que c'est l'âme du croyant qui se divise en deux moitiés, l'une tournée vers la religion, l'autre vers la science ; que l'acte de foi est d'une nature trop différente de la certitude rationnelle pour pouvoir entrer en conflit avec celle-ci? Voudra-t-on parquer la religion dans le cœur en laissant l'intelligence libre de penser ce qu'elle veut?

C'est un système qui a des partisans. Dans les rangs du protestantisme libéral et rationaliste, il y a des gens qui essayent d'associer la piété du cœur avec la pleine indépendance de l'esprit, d'être à la fois chrétiens par le cœur, panthéistes, athées ou sceptiques par l'intelligence. Mais alors il faut réduire la foi à n'être qu'un sentiment vague. Il faut ôter à la religion toute autorité doctrinale. On ne saurait imposer une telle condition à l'Église catholique. D'ailleurs ce que l'on demande à notre époque à la foi, ce sont précisément des doctrines, des certitudes ; c'est de suppléer à l'indépendance de la raison contemporaine par des affirmations claires et précises,

Ce qu'on lui demande, c'est une règle morale, uniforme et invariable, ce sont des espérances fondées et sûres relativement à la vie future.

Il est donc impossible de parquer ainsi la foi dans des sentiments. Elle doit régner dans l'intelligence ; ajoutons que, puisqu'elle s'appuie sur la parole de Dieu, puisqu'elle est l'hommage rendu à l'Être suprême, elle doit y régner sans partage.

Donc l'idée de cette suite de cloisons étanches qui sépareraient dans l'âme le domaine de la religion et celui de la raison, est une idée chimérique.

Dès lors, entre ces deux principes, différents d'origine, appliqués au même sujet d'études, à l'histoire de la philosophie, à la morale, les conflits naîtront forcément. La pensée contemporaine est aussi orgueilleuse dans ses affirmations qu'incertaine dans ses principes ; elle se contredit souvent elle-même, elle contredira fréquemment les enseignements de la foi. La croyance, fondée sur le sentiment, entrera en lutte avec ce qui paraît être l'évidence et il n'y aura aucun principe supérieur pour rétablir l'accord. Tout autres sont les vraies conditions de l'harmonie entre la raison et la foi.

La condition essentielle, c'est que le croyant, usant de sa raison, reconnaisse la mission divine de l'Église. Sûr, dès lors, que c'est de Dieu qu'il reçoit l'enseignement, il sait d'avance que ce qu'il doit croire est une vérité et ne peut être contraire à ce que la raison découvre quand elle suit ses vrais principes. Si un conflit apparent se produit, il en cherche la solution ; s'il ne la trouve pas, il l'attend de l'avenir ; ou bien il se résigne à l'ignorer et à accepter l'obscurité du mystère. En se soumettant à Dieu et à l'Église par cette voie, la raison se soumet à elle-même ; elle fait un acte raisonnable.

L'Église ne peut rien changer à ces conditions essentielles de l'accord entre la foi et la raison. Elle ne peut donc venir en aide à ceux qui, de parti pris, veulent rester dans le doute et l'ignorance sur les fondements de la foi. Elle ne peut dégager la pensée contemporaine de l'obligation de s'approprier par un travail personnel les bases de la foi chrétienne, d'acquérir une conviction pratique de l'existence du vrai Dieu et du fait de la révélation. Elle peut aider et diriger la raison dans ce travail, elle ne peut la dispenser de l'entreprendre.

VI

Que dirons-nous maintenant à ceux qui sont effrayés par les difficultés de l'étude rationnelle des preuves de la foi, qui déclarent que c'est une tâche impossible ? Nous répondrons que cette impossibilité prétendue tient à une erreur de méthode, et cette erreur elle-même à un défaut de volonté.

L'erreur consiste à vouloir appliquer à la solution des questions religieuses et morales la méthode qui est employée avec succès dans les sciences qu'on appelle sciences exactes.

Dans ces sciences, la certitude est produite d'une manière fatale et mécanique. On n'admet rien que ce qui peut être prouvé sans que le doute soit possible. On discute toutes les objections et l'on ne se tient pour convaincu que lorsqu'elles sont résolues complètement.

Cette méthode, appliquée à certaines sciences et même, en général, aux questions de détail de la plupart des sciences, est excellente et donne des résultats incomparables. Ce sera une des gloires de notre siècle d'avoir perfectionné ces méthodes rigoureuses qui séparent avec précision la vérité de l'erreur.

Mais cette méthode n'est pas applicable aux grands problèmes qui concernent les destinées de l'homme et la religion.

Il ne s'agit plus, en effet, lorsqu'on traite ces vastes et profondes questions, d'un objet étroit et bien délimité que la raison humaine puisse, après l'avoir isolé par l'analyse, considérer sous toutes ses faces et dont elle puisse prendre pleine possession. Il s'agit de puissantes et vivantes réalités que nous portons en nous-même et que nous contemplons en dehors de nous, qui nous dépassent de toutes parts, que nous ne pouvons regarder que par une de leurs faces. Notre science, en telle matière, est toujours mêlée d'ignorance et enveloppée de mystère. Les raisons de croire certaines doctrines apparaissent avec force, mais contre ces raisons se dressent des objections que nous pouvons braver, mais que nous ne pouvons pas faire disparaître. Appliquée à de tels sujets, la méthode des sciences exactes est condamnée d'avance à l'impuissance. Essayer d'appliquer cette méthode, faite pour les détails et les questions simples, aux vastes et profonds problèmes de la destinée de l'homme, ce serait commettre la même erreur que d'essayer de connaître les mœurs d'un animal vivant en ne regardant que ses membres disséqués ou de vouloir contempler la nature entière en se servant d'un microscope.

S'ensuit-il qu'en de telles matières la certitude soit impossible ? On l'a dit, mais on l'a dit à tort. La prétention du positivisme a été de donner aux sciences exactes le monopole de la certitude en déclarant hypothétique tout ce qui ne peut être constaté par les méthodes propres à ces sciences. Les sciences supérieures se sont laissé imposer cette fausse méthode ; c'est pour cela qu'elles ont échoué si misérablement. C'est cette humilité mal placée, cette défiance d'elles-mêmes qui est la cause de leur échec. Il faut qu'elles reprennent et maintiennent leurs droits.

Il y a deux sortes de certitudes, une certitude passive, acquise mécaniquement, celle des sciences exactes, et une certitude ou, si l'on veut, une conviction active et militante qui est propre aux sciences morales.

Celle-ci s'obtient en employant l'âme tout entière, en unissant le cœur et la conscience à la raison. Pour l'acquérir, il faut chercher la vérité avec le désir de la trouver ; il ne suffit pas d'écarter l'erreur, il faut saisir, au passage, sans la laisser échapper, la vérité qui se manifeste, il faut l'étreindre, se l'approprier et la défendre.

Ce que la méthode des sciences exactes ne peut faire, cette méthode supérieure peut le réaliser. Elle exige, comme condition, le concours de la volonté. Aussi ai-je dit que l'erreur de méthode provenait d'un défaut de volonté.

Mais ici on pourra m'objecter que, dans l'ordre d'opinions que je viens de combattre, il est précisément question d'avoir recours à la volonté ; que cette foi sentimentale, que j'ai déclarée insuffisante, n'était pas autre chose que la volonté de croire. Comment donc puis-je dire maintenant que l'erreur de méthode consiste dans un défaut de volonté ? C'est parce qu'il y a deux manières d'user de la volonté dans l'étude des questions religieuses. Il y a une manière irrationnelle et imprudente, qui consiste à user de la volonté en la séparant de la raison ; c'est la manière la plus facile, celle qui favorise la paresse et demande le moins de sacrifices. Il y a une manière rationnelle, prudente, consciencieuse, virile et énergique, d'user de cette même volonté.

C'est l'usage irrationnel et imprudent de la volonté qui produit cette foi aveugle et apparente, cette croyance sans motifs ou appuyée sur des motifs frivoles, cet enthousiasme passager qui disparaît comme il est venu. Cette volonté irrationnelle n'exige aucune étude et aucun effort. Elle demande aussi bien peu de sacrifices. On se jette du côté de la foi sans avoir pris aucune peine pour corriger et réformer son intelligence. Souvent même, comme nous l'avons dit, cette espèce de foi cesse d'être une persuasion pour n'être plus qu'un sentiment vague. L'âme se partage alors comme en deux moitiés, la religion prétendant régner dans le cœur tandis que l'intelligence resterait livrée au scepticisme et continuerait à errer d'une opinion à une autre sans se fixer. C'est d'une autre manière qu'il faut user de la volonté dans l'acquisition des vérités nécessaires pour la conduite de la vie humaine. La volonté doit chercher la vérité consciencieusement, elle doit désirer sincèrement la trouver, elle doit être prête à saisir la vérité quand elle apparaît, même si cette apparition est rapide et passagère, elle doit se tenir à égale distance du scepticisme et de la crédulité. Ce rôle prudent et honnête de la volonté exige des efforts, il demande une délibération souvent pleine d'angoisse, il entraîne ou prépare des sacrifices, car une fois la vérité entrée dans l'âme, il faut, pour s'y maintenir, qu'elle y soit maîtresse et qu'elle chasse ce qui lui est contraire. Il faut que l'hommage rendu à Dieu soit complet, que tout ce qui est contraire à sa parole soit sacrifié.

Cette démonstration de la foi que l'on déclare impossible et qui le serait si l'on se croyait obligé à suivre la méthode des sciences exactes, cette démonstration, dis-je, est possible. Elle est même plus facile et demande moins d'études préparatoires qu'on ne se le figure ordinairement. Le jugement, dans ces questions, se détermine par la droiture de la raison et par la sincérité du cœur plus que par la multitude des connaissances acquises. Le bon sens et la loyauté sont plus utiles dans ce genre d'études que la logique abstraite et l'érudition.

Il ne faut pas oublier, d'ailleurs, que l'Eglise est, par son existence même, par sa doctrine, par sa direction, une aide et un appui d'une grande puissance. La raison humaine est en ce moment découragée et incertaine sur sa route. S'il lui fallait reconquérir à elle seule et par ses propres forces, les vérités morales, on comprendrait qu'elle hésitât.

Mais l'Eglise catholique est, sous nos yeux, sûre de ses principes et ferme dans ses doctrines. Elle conserve seule la tradition des siècles passés, elle la conserve en l'adaptant aux besoins du présent. Elle maintient seule, à notre époque, la communion d'idées avec les grands penseurs chrétiens et spiritualistes d'autrefois. Elle conserve le patrimoine de la raison, elle maintient les plus nobles doctrines : Dieu, le devoir et la liberté !...

Elle offre à la raison son appui, mais à la condition que la raison veuille bien s'aider elle-même. A ceux qui lui disent, prétendant parler au nom de la raison humaine : « Nous sommes trop faibles, prenez-nous dans vos bras, portez-nous », elle répond : « Je ne puis le faire, ce n'est pas ma mission ni mon rôle ; mais ce que je peux faire et ce que je dois faire, c'est de dire à la raison ce que le Sauveur a dit au paralytique : « Levez-vous et marchez. »

La raison contemporaine entendra-t-elle cette parole, obéira-t-elle à cette suggestion salutaire ? C'est ce que l'avenir pourra nous apprendre ; mais nous pouvons, dès à présent, promettre à ceux qui écouteront cette voix de l'Eglise, qu'ils parviendront, s'ils le veulent, au prix, sans doute, de quelques efforts et de quelques sacrifices, mais plus facilement qu'ils ne le pensent, à la possession des consolantes certitudes, des glorieuses espérances que fournit seule l'acceptation volontaire, motivée et raisonnable d'une parole authentique du vrai Dieu.

DEUXIÈME LEÇON

LA FOI CHRÉTIENNE ET LA VOLONTÉ DE CROIRE

Nous avons montré dans la dernière leçon que le système d'accord qui a été proposé récemment et qui consiste dans une séparation absolue du domaine entre la foi et la raison est contraire à la vraie notion de la foi chrétienne.

Cette foi ne saurait être une croyance aveugle ni une persuasion provenant exclusivement du sentiment et de la volonté.

Mais il faut se garder également de considérer la foi comme étant exclusivement l'œuvre du travail de la raison, comme étant la simple conclusion d'un raisonnement abstrait, comme étant produite uniquement par des procédés scientifiques et logiques.

La vérité se trouve ici, comme ailleurs, dans un certain milieu, à égale distance des deux extrêmes.

Il ne suffit pas de vouloir pour croire efficacement et utilement, mais il faut vouloir.

Il y a un élément intellectuel et rationnel dans la foi. Il y a aussi un élément moral non moins important. La foi est en même temps un acte de raison et un acte de volonté.

Ce n'est point par la séparation de ces éléments que la contradiction apparente qui existe entre eux doit être levée.

C'est, au contraire, leur union étroite qui produit l'harmonie et la paix de l'âme. Le lien de cette union, c'est une puissance suprême résidant au centre même de l'âme à la jonction de la raison et de la volonté, c'est la conscience. Telle est la doctrine que je vais essayer de démontrer.

Voyons d'abord pourquoi la volonté de croire est nécessaire.

I

Il existe, sur ce point, une erreur très répandue parmi nos contemporains ; c'est celle qui consiste à penser que le recours à la volonté pour produire l'acte de foi aurait pour motif la faiblesse des preuves de la religion. Ce ne serait, qu'à défaut d'une démonstration suffisante, que l'on aurait recours à l'enthousiasme et au sentiment. Rien n'est moins vrai. Il existe une démonstration tout à fait suffisante et rigoureuse des fondements de la foi.

Le concile du Vatican a déclaré que Dieu, Seigneur et Créateur, principe et fin de toutes choses, peut être connu avec certitude par la lumière naturelle de la raison.

L'Eglise professe également que la révélation chrétienne est un fait historique, absolument certain. Ce que l'Eglise affirme, l'Apologétique le prouve. Elle présente à ceux qui veulent l'écouter une démonstration rigoureuse et logique sans lacune, qui, s'appuyant sur les principes de la raison, sur l'existence du monde visible et sur les faits de l'histoire religieuse, prouve que le vrai Dieu, le Père céleste, existe réellement, que Jésus-Christ est son envoyé, que le témoignage de Jésus-Christ sur lui-même est digne de foi, que l'Eglise est l'interprète de sa parole. Ce qui montre la force de cette argumentation, c'est l'embarras qu'elle cause aux adversaires. Pour la détruire, ils sont forcés de s'attaquer aux principes mêmes de la raison ou aux règles de la critique historique. Pour échapper à Dieu, ils se jettent dans le scepticisme qui est le suicide de la raison. Pour échapper à Jésus-Christ et à son Eglise, ils sont forcés d'altérer l'histoire.

C'est cette lutte contre Dieu et contre Jésus-Christ qui a réduit la raison contemporaine à l'état misérable que nous avons constaté. On reconnaîtra cela plus tard quand on fera l'histoire de la philosophie des deux derniers siècles considérée dans son ensemble.

Si les doctrines sceptiques ont acquis tant de force, si le principe de causalité, si l'existence de la personne humaine et celle de notre libre arbitre ont été si violemment attaqués, c'est parce que ces principes et ces faits conduisent à Dieu. C'est pour ne pas être conduits à connaître Dieu que les hommes ont préféré s'ignorer eux-mêmes et s'interdire la recherche des causes. Cette même crainte a exercé son influence sur les savants et a tendu à fausser la science et à faire fléchir son impartialité. Le système de l'évolution universelle joint à l'erreur scientifique des générations spontanées que les travaux de Pasteur ont anéanti a été prôné comme moyen de se débarrasser de l'idée de la création. Hækel en est convenu lui-même; il est, a-t-il dit, le seul moyen d'échapper au miracle. Et maintenant qu'il est reconnu que le système de l'évolution n'a pas de conséquences religieuses, il perd de son crédit. Il en est de même pour l'Évangile. Si l'on admet, comme authentique et véridique, le témoignage des apôtres sur la vie, la mort, la résurrection de Jésus, la vérité du christianisme est prouvée. Si l'on veut la contester, on s'engage dans d'inextricables difficultés. On est obligé de choisir entre des systèmes contradictoires aussi invraisemblables les uns que les autres; aucun de ces systèmes fameux, autrefois si populaires en Allemagne, auxquels sont attachés les noms de Paulus, de Strauss, de Baur, n'est défendu aujourd'hui; tous se sont écroulés, et l'Évangile reste debout.

Pour détruire le témoignage des Apôtres, il faut ébranler la véracité du témoignage humain, en général, et anéantir ainsi l'histoire. Pour reconstruire et ressusciter, soit la vie de Jésus, soit la naissance de l'Église, il a fallu créer des hypothèses absurdes et montrer des personnages qui ne peuvent pas vivre. Renan est maintenant traité par les rationalistes eux-mêmes avec une grande sévérité; on lui reproche d'avoir découpé arbitrairement les textes et dépeint un Christ impossible. Ceux qui le critiquent pourront-ils mieux faire, et trouveront-ils un meilleur moyen d'échapper à l'autorité des apôtres, de la parole de ces témoins qui sont morts pour attester ce qu'ils avaient vu? Ils feront certainement mieux de ne pas essayer. Donc nous ne devons pas penser que la foi chrétienne repose sur des preuves douteuses. Les preuves sont rigoureuses, elles sont suffisantes; elles seraient considérées comme démonstratives par des esprits impartiaux si, en pareille matière, l'impartialité était possible. Néanmoins la volonté de croire est nécessaire. D'où provient cette nécessité? Pourquoi la démonstration chrétienne n'agit-elle pas à la manière des démonstrations scientifiques? Pourquoi faut-il que la volonté intervienne? C'est d'abord en raison de la nature de la conviction que la démonstration chrétienne doit produire. Ce qu'elle doit faire naître dans l'âme, ce n'est pas une simple connaissance intellectuelle et abstraite, c'est une conviction vivante et pratique qui doit s'emparer de la conscience, du cœur et non de l'intelligence seule. Savoir que l'existence de Dieu peut être prouvée et croire en Dieu sont deux choses.

Croire en Dieu, c'est se sentir en présence d'un Être vivant qui nous voit, qui connaît les secrets de notre cœur, qui est notre bienfaiteur, que nous devons aimer et que nous devons craindre. Or un simple raisonnement abstrait n'est pas capable de produire une telle conviction vivante et pratique. Nous sommes des êtres vivants et concrets ; nous ne sommes pas de pures machines raisonnantes. Pour que la croyance en Dieu soit efficace, il faut que le résultat de la démonstration entre dans notre vie morale, il faut qu'elle soit assimilée et, si j'ose ainsi parler, digérée par l'âme entière. Or cela ne se fait qu'avec le concours de la volonté.

Celui qui accepte volontairement l'idée de Dieu en est bientôt pénétré ; elle devient un principe de sa vie morale, une loi de sa conscience. Celui qui résiste à cette idée, qui la trouve gênante, peut bien conserver dans son intelligence le souvenir des preuves de l'existence de Dieu ; mais ces preuves ne produisent pas en lui la conviction ; elles restent à la porte du cœur et de la conscience, et bien souvent elles sont chassées de l'intelligence où elles étaient entrées. Il en est de même de la parole divine. La démonstration historique du fait que Dieu a parlé aux hommes ne produit pas, sans le concours de la volonté, l'acceptation personnelle de cette parole. On est obligé de se dire, par suite d'un raisonnement, que l'histoire prouve une révélation divine ; mais on ne considère pas cette révélation comme adressée à soi-même ; on se tient en dehors comme spectateur. N'est-il pas facile d'ailleurs à l'homme d'écarter de sa pensée les choses les plus certaines quand ces choses lui déplaisent?

Y a-t-il une chose plus certaine que notre condition d'êtres mortels? Nous savons que nous sommes tous condamnés à mourir. Cependant ne voit-on pas, suivant la remarque d'un philosophe anglais, les gens qui accompagnent un mort à sa dernière demeure, être aussi indifférents à cette pensée que s'ils avaient un brevet d'immortalité dans leur poche? L'idée de la mort même présente ne s'empare pas de l'âme. Ainsi la volonté est nécessaire pour donner à la conviction religieuse son caractère personnel et pratique, pour lui livrer l'âme tout entière. Elle est nécessaire, en second lieu, pour la défendre contre les objections. C'est, en effet, un des caractères de la démonstration chrétienne que, tout en étant rigoureuse, elle est sujette à de nombreuses objections.

D'un bout à l'autre de la démonstration, les objections se lèvent. Il n'est presque pas de point qui n'ait été contesté. Ces objections proviennent de diverses sources. Beaucoup d'entre elles sont l'effet de la résistance de l'âme au joug que lui impose la vérité connue; ce sont des efforts pour échapper à cette vérité. Mais il en est d'autres en grand nombre qui proviennent de la nature même de la doctrine chrétienne et des limites de la raison humaine. Dès qu'il s'agit de Dieu qui est incompréhensible et de ses desseins qui nous dépassent et ne nous sont révélés qu'en partie, mille questions insolubles surgissent dans l'intelligence. La religion chrétienne, qui pénètre plus profondément que les autres dans la connaissance de la nature divine, enseigne par là même des dogmes plus mystérieux. En outre, les faits qui servent de preuves à la religion, bien qu'ils soient suffisants pour en démontrer la vérité, sont cependant, en même temps, entourés d'une certaine ombre; l'action divine se manifeste, mais elle pourrait être plus claire et plus évidente qu'elle ne l'est. Enfin le mélange de l'humain et du divin dans la société chrétienne, la différence entre l'idéal de l'Evangile et sa réalisation dans le monde sont autant de sources de trouble et de doute.

Ces objections ne détruisent pas la solidité et la rigueur de la démonstration. On peut toujours les réfuter, au moins d'une manière indirecte, en montrant que les preuves de la parole divine subsistent avec leur force entière, et que ce que nous devons nous résigner à ignorer ne détruit pas ce qui nous est solidement prouvé.

Mais si l'on veut répondre aux objections, on ne peut pas les détruire et les faire disparaître entièrement. Elles sont pour ainsi dire élastiques, elles renaissent après avoir été renversées. C'est ici que se manifeste le rôle nécessaire de la volonté. Placée en présence des preuves de la religion et des objections, elle se trouve comme un juge en présence de deux parties. Il dépend d'elle de donner accès aux objections ou de les repousser, il dépend d'elle de se tourner du côté des preuves, d'en rappeler le souvenir, de les accumuler pour faire face aux difficultés soulevées.

Cette présence continuelle dans l'intelligence des objections, cette nécessité de leur résister, place l'âme du croyant dans un état tout différent de celui où se trouve celle du savant ou du philosophe ; sa conviction est nécessairement militante. Il faut la défendre chaque jour contre des attaques sans cesse renouvelées.

De plus, ces objections ne sont pas toutes des raisonnements abstraits. Ce sont souvent des faits visibles et actuels, des actes de certaines personnes ; ce sont quelquefois des scandales. Il n'est pas besoin de les chercher ; souvent elles viennent au-devant de nous, elles nous sautent à la gorge. Ce sont d'ailleurs quelquefois des faits qui s'adressent au cœur autant qu'à la raison et qui soulèvent les passions. Il faut donc à la volonté une énergique puissance de résistance ; mais il faut aussi qu'elle ait des armes. Ces armes, ce sont les raisons de croire, les arguments en faveur de la religion, et parmi ces arguments ceux qui pourraient émouvoir le cœur et faire naître des sentiments favorables à la foi.

Que, dans de telles circonstances, la volonté cesse d'agir, que l'homme se livre passivement à l'effet des objections, sa foi finira par s'écrouler.

Une troisième cause qui rend nécessaire l'intervention de la volonté, c'est l'étendue de la démonstration chrétienne et les sujets si divers avec lesquels elle est en contact. Il n'est presque personne qui puisse étudier par lui-même toutes les parties de cette démonstration et la solution de toutes les objections ; une vie entière n'y suffirait pas.

L'intelligence de certaines portions de la démonstration demande de longues études.

Dès lors, bien que la démonstration soit rigoureuse en elle-même, il faut nécessairement que la plupart des croyants forment leur conviction par une autre voie.

Cette voie plus simple et plus facile est celle de l'enseignement et de l'expérience chrétienne.

Le Père Lacordaire, dans sa première conférence à Notre-Dame, a dit une parole originale et souverainement vraie : « L'homme est naturellement enseigné. »

Cela est vrai pour la plupart de nos connaissances, cela est surtout vrai pour les connaissances de l'ordre religieux. Elles entrent dans l'âme par le témoignage. Avant de croire à Dieu, à la parole divine, on croit à une parole humaine qui paraît digne de foi.

La foi se communique de croyant à croyant comme un flambeau s'allume à un autre flambeau. Faut-il considérer la conviction ainsi formée comme une croyance aveugle ? On l'a dit, mais cela n'est pas exact. L'affirmation d'une personne digne de foi est une raison de croire. Pour l'enfant, ses parents sont, jusqu'à preuve du contraire, une autorité digne d'être crue. Plus tard, le nombre et la valeur des témoins augmentent. Aux parents se joint la société chrétienne, l'Église catholique avec son unité laquelle, reliant le présent au passé, fait de sa voix comme celle d'un témoin unique qui traverse les siècles. La vertu des chrétiens, la vie de l'Église et ses œuvres sont la confirmation de ce témoignage.

Le témoignage des croyants est donc la première raison pratique de croire. Cette raison s'étend au christianisme tout entier, à l'existence de Dieu comme au fait de la révélation. On croit en Dieu et à la révélation parce qu'on voit des personnes qui y croient et que leur croyance produit chez elles des effets salutaires. A cette raison s'en joint bientôt une autre, l'expérience personnelle des bienfaits de la religion, du calme et de la paix qu'elle répand dans l'âme, de la force qu'elle donne pour pratiquer la vertu. Il s'établit, entre les besoins de l'âme et la croyance religieuse, une correspondance et une harmonie touchantes. L'âme se sent à l'aise dans la croyance ; elle y trouve ce qui lui manquait.

C'est encore une raison de croire, raison intime, individuelle et variant suivant les individus, qui donne à la conviction un caractère personnel. Le chrétien entre, par la pratique de la religion, dans une relation intime avec Dieu et avec le Christ. Il donne son cœur, il aime, il se sent aimé, il reçoit le secours ; c'est une preuve expérimentale de la vérité de la religion. On voit donc que la foi du chrétien n'est pas aveugle, qu'elle repose dès l'origine sur deux motifs valables : un témoignage digne de foi et une expérience personnelle. La raison du croyant peut apprécier ces motifs et les approuver. Mais ici se manifeste clairement le rôle de la volonté. On ne croit à un témoignage que parce qu'on veut y croire. Le témoignage ne s'impose pas comme la démonstration scientifique. La croyance au témoignage suppose une appréciation de la véracité du témoin que la raison peut faire, mais qui n'écarte pas toute possibilité de doute. On sent que ce que le témoin dit est vrai ; mais on ne peut pas démontrer par des preuves sensibles la vérité de ce sentiment intime.

Quant à la preuve tirée de l'expérience personnelle, elle est aussi sous l'influence de la volonté.

Pour expérimenter les effets de la religion, il faut prier, il faut avoir recours aux pratiques religieuses ; il faut même une certaine ferveur qui dépend de la volonté.

Tel est le premier stage de le formation de la foi chrétienne dans lequel, on le voit, la volonté a une grande part. Mais il n'est pas possible à notre époque surtout d'en rester là.

Dans notre société si mélangée où les chrétiens vivent au milieu des incroyants, il est impossible que les objections ne naissent pas. Dès que la raison se développe, elle est portée à tout contester et à chercher la raison de tout. La raison est une faculté active et curieuse qui s'avance de question en question et ne s'arrête que devant l'évidence, et encore souvent cherche-t-elle à aller plus loin et à demander la preuve de ce qui, étant évident, n'a pas besoin de preuve et ne saurait en avoir. Pour étouffer cette curiosité de la raison, il faudrait défendre à l'homme de réfléchir, l'asservir sous une tradition indiscutable, c'est ce que fait l'Islamisme. C'est ce que l'Église ne fait pas, bien qu'on lui ait reproché de le faire. Elle a toujours favorisé le développement de l'intelligence. En outre, il y a des causes extérieures qui provoquent ce travail de la raison. La diversité des traditions religieuses, dès qu'elle se manifeste, ébranle l'autorité de chacune d'elles. La différence entre le christianisme réel et le christianisme idéal et parfait est encore une cause d'ébranlement de la foi. Cette cause n'existe pas dans les cultes non chrétiens parce que ces cultes n'ont pas un idéal moral aussi élevé que celui du christianisme. La tradition pouvait se maintenir presque indéfiniment sans l'appui de la raison dans les cultes de l'antiquité, et elle se maintient encore ainsi chez les Musulmans, parce que ces religions sont adaptées aux faiblesses et aux instincts bas de l'humanité. La tradition chrétienne ne peut se maintenir que par une lutte continuelle et des réformes sans cesse renouvelées ; dès que cette lutte se ralentit, le contraste entre les mœurs des chrétiens et les lois de l'Evangile apparaît sous la forme du scandale. Quand ces causes ont ébranlé la foi, comment peut-on la rétablir ? Peut-on recourir au témoignage des parents, aux traditions de famille ? Mais ces traditions étant diverses de famille à famille, de nation à nation, aucune ne s'impose comme un témoignage certain. Recourir au témoignage de l'Eglise catholique serait plus sûr ; mais ce témoignage perd de sa force par l'effet des imperfections et des vices des chrétiens ; il est d'ailleurs attaqué de toutes parts. De plus, on pourrait dire, lorsque l'Eglise témoigne pour elle-même, qu'elle est intéressée à faire croire à sa mission divine, que croire en elle, sur sa parole, serait un cercle vicieux. Recourir à l'expérience personnelle ? Mais cette expérience est souvent variable ; il y a des temps d'épreuve où il semble que tout ce qui consolait l'âme ait disparu, que la communication avec le ciel soit rompue. Puis, dès qu'on se met à raisonner, on se demande si certains faits internes sont naturels ou surnaturels ; la crainte de l'illusion vient bien vite dans l'âme. Que faire alors, et comment défendre la croyance ébranlée ? Il n'y a qu'une ressource qui est d'avoir recours à la démonstration chrétienne dont nous avons parlé. L'Eglise a préparé elle-même ce secours aux âmes en présentant dans son enseignement les preuves de la religion en même temps que les dogmes. Elle rappelle à ses enfants qu'il a fallu un Dieu tout-puissant et parfait pour créer le monde ; elle place ce raisonnement dans le catéchisme. Elle raconte la vie du Sauveur, ses miracles et sa résurrection.

C'est du côté de ces preuves qu'il faut se tourner pour affermir la foi.

Il n'est pas nécessaire, pour cela, de connaître la démonstration entière et de discuter toutes les objections. Il suffit de saisir certains points fixes qui dispensent d'étudier le reste.

Cette démonstration vient à l'appui du témoignage de l'Eglise ; elle montre qu'à la différence des autres sociétés religieuses, l'Eglise catholique peut rendre raison à tous de la foi qu'elle demande, qu'elle peut prouver sa mission surnaturelle.

Par là, la confiance dans le témoignage de l'Eglise renaît et devient plus forte. Les arguments historiques confirment également la connaissance expérimentale des bienfaits de la religion ; aux expériences personnelles, se joignent celle des chrétiens de tous les âges, celle des saints dont la vie est authentique et dont l'action puissante sur le monde prouve qu'ils n'ont pas été le jouet d'une illusion.

Ainsi formée à l'origine par l'effet du témoignage et de l'expérience personnelle, la croyance s'affermit encore par la connaissance des preuves.

Au fur et à mesure que les objections se présentent, le croyant, s'il a la volonté de croire, vient chercher dans l'arsenal de la démonstration chrétienne des remèdes pour défendre sa foi.

On voit donc que la nécessité de la volonté de croire n'implique nullement la faiblesse des preuves, et que l'on peut reconnaître cette nécessité sans ébranler l'autorité de la démonstration chrétienne.

La volonté n'invente pas la vérité, elle ne supplée pas à la vérité ; elle sert à la découvrir, à la retrouver, à la défendre, et à lui faire conquérir l'empire auquel elle a droit sur l'âme tout entière de l'homme.

II

Il est cependant contre cette intervention de la volonté, dans la formation de la croyance, une objection grave qui a une apparence plausible et dont la solution est assez difficile.

Aucune difficulté n'existerait si le rôle de la volonté consistait seulement à assurer l'impartialité dans la recherche de la vérité, à interdire à la passion de se prononcer sans réflexion, si l'effort volontaire avait pour but unique de combattre la paresse qui s'arrête devant une difficulté ou la pusillanimité qui, voyant d'avance les conséquences d'une doctrine morale, s'efforce de n'en pas apercevoir les preuves.

Rien, en effet, n'est plus évident que la facilité avec laquelle l'homme se trompe lui-même en cherchant à se persuader ce qu'il désire croire.

« Il n'est pire sourd que ceux qui ne veulent pas entendre. »

Mais est-ce bien là tout ce que la volonté fait et croit faire légitimement en matière religieuse ?

N'a-t-elle pas un rôle tout différent, un rôle favorable à la croyance elle-même ? Ne pousse-t-elle pas la volonté du côté de la foi ? Ici, encore, les faits sont certains, il est bon de les constater, quelque singuliers qu'ils paraissent.

Lorsque, par suite de l'éducation, de la tradition et de l'enseignement, une croyance s'est développée, dès la jeunesse, la conscience est saisie par cette croyance et considère son maintien comme un devoir ; cela est vrai de la plupart des croyances, cela est surtout vrai du christianisme qui établit des rapports entre le croyant et des personnes vivantes, qui le met en relation intime et constante avec Dieu et avec Jésus-Christ.

Douter de l'existence ou de la bonté de Dieu, c'est, aux yeux de la conscience chrétienne, offenser Dieu gravement, c'est lui manquer de fidélité, Cesser de croire à Jésus-Christ est une apostasie. Dès lors, la volonté se considère comme obligée non seulement de combattre les objections, mais de les écarter d'avance, de fuir les sociétés ou les lectures qui les feraient naître. En outre, elle maintient la croyance autant qu'elle le peut, même quand les preuves semblent s'effacer, même quand les objections semblent victorieuses.

Dans ce cas, il y a une apparence de croyance aveugle ; mais ce n'est qu'une apparence car il y a une raison de croire, à savoir l'enseignement reçu précédemment et reconnu comme digne de foi et le jugement actuel de la conscience déclarant qu'il faut conserver la foi, que c'est un devoir.

Il est encore une circonstance où le rôle de la volonté semble contraire à l'impartialité scientifique, c'est l'acte d'un homme qui adhère pour la première fois à la croyance chrétienne ou y revient après l'avoir abandonnée. C'est un acte solennel, une transition brusque de l'état de doute et de recherche à l'état de croyance.

Le croyant cesse de chercher, termine son enquête et conclut par un acte définitif et suprême d'adhésion.

Or, cet acte s'accomplit le plus souvent, sinon toujours, avant que toute espèce de difficultés soit levée, avant que toutes les objections soient résolues. En tout cas, il serait toujours possible de prolonger l'enquête, d'examiner à nouveau. L'immense étendue du champ de la controverse entre les défenseurs de la foi et ses adversaires, laisse toujours un prétexte pour suspendre l'adhésion. De plus, il arrive souvent qu'au moment de conclure et d'adhérer à la foi, la lumière s'obscurcit, qu'en présence de la gravité de l'acte, les objections renaissent avec plus de force. Dans ce cas, la conscience ordonne de passer outre. A cette question : dois-je croire, fais-je bien de croire ? elle répond : oui, tu le dois, il le faut. C'est ce qu'assurent la plupart de ceux qui, s'étant convertis, ont l'expérience personnelle de cet état d'âme ; cela n'arrive, il est vrai, qu'à un certain moment de travail, de recherche. Auparavant la conscience commande d'attendre. Elle avertit celui qui voudrait faire trop tôt le pas décisif qu'il suit son désir plutôt que l'évidence du devoir.

Mais quand le moment est venu, la conscience se prononce pour l'adhésion immédiate et sans réserve.

Or, c'est ce rôle actif de la volonté dans le sens de la croyance qui paraît à certains esprits contraire à l'impartialité nécessaire pour découvrir et démontrer la vérité. C'est une des plus subtiles tentations contre la foi que cette crainte de ne pas être impartial. Ici, nous devons d'abord reconnaître que cette objection s'appuie sur un fait exact. L'usage de la volonté pour conserver la foi et pour franchir le passage entre la recherche de la vérité religieuse et l'adhésion à la parole divine, cet usage que les chrétiens considèrent comme légitime et obligatoire, est tout à fait différent de la manière de faire des philosophes et des savants lorsqu'ils cherchent une vérité historique ou scientifique par pur amour de la science.

Ceux-ci s'efforcent de rester indifférents entre l'une et l'autre des solutions d'un problème jusqu'au moment où la certitude complète s'impose à leur intelligence. La fermeté de leur adhésion est exactement mesurée sur la valeur des preuves. Ils balancent les preuves avec les objections. Aussi longtemps que les objections n'ont pas disparu, ou que les preuves ne sont pas absolument démonstratives, ils laissent à leur assentiment un caractère provisoire.

Voilà ce que font, voilà plutôt ce que doivent faire, ce que prétendent faire les philosophes et les savants. Cette manière purement désintéressée de chercher la vérité pour elle-même est pour eux d'abord un idéal souvent mal atteint. Il y a de la passion et du fanatisme dans la philosophie et la science, mais, en principe, on reconnaît qu'il ne doit pas y en avoir.

Si cette méthode devait être appliquée à la solution des problèmes religieux, la conduite des chrétiens d'aujourd'hui et celle des premiers chrétiens devrait être blâmée. Ils devraient, en effet, en ce cas, suspendre leur jugement jusqu'après avoir terminé une étude complète des objections. Et si cette étude était trop longue, ou si elle n'aboutissait pas à dissiper tous les troubles de l'intelligence, ils devraient, comme le font les savants, laisser à ceux qui viendront après eux le soin d'achever la tâche commencée, de reprendre la question où ils l'ont laissée, ou bien se résigner à l'ignorance ou au doute. C'est ce que les chrétiens ne font pas, c'est ce qu'ils ne croient pas pouvoir faire sans se rendre coupables.

Cette conclusion sceptique en présence des objections non résolues, c'est le conseil que Rousseau a donné dans un passage remarquable de la profession de foi du Vicaire savoyard.

Après avoir reconnu que si la mort et la vie de Socrate sont d'un sage, la vie et la mort de Jésus sont d'un Dieu, après avoir dit que l'Évangile a des caractères de vérité si grands, si frappants, si parfaitement inimitables, que l'inventeur en serait plus étonnant que le héros, après ces textes si connus et si souvent cités par l'apologétique chrétienne, au moment où il semble qu'il va conclure : « Donc il faut croire à l'Évangile » ; Rousseau s'arrête brusquement, et cessant de regarder les preuves pour considérer les objections, il conclut en ces termes : « Avec tout cela, ce même Évangile est plein de choses incroyables, de choses qui répugnent à la raison et qu'il est impossible à un homme sensé de concevoir et d'admettre. Que faire, au milieu de ces contradictions ? Être toujours modeste et circonspect, respecter en silence ce qu'on ne saurait ni rejeter, ni comprendre, et s'humilier devant le grand Être qui, seul, sait la vérité. »

Ici, Messieurs, laissez-moi poser une question. Que serait-il arrivé dans ce monde si le conseil que donne Rousseau avait été la règle de conduite des Apôtres et des premiers chrétiens ?

L'enseignement du Christ n'était-il pas pour eux comme pour nous plein de choses incroyables ? La divinité du Christ qui semblait en opposition avec le dogme juif du Dieu unique et invisible, le mystère de l'Eucharistie, l'étrangeté des desseins de Dieu, le Maître quittant la terre et laissant ses disciples seuls ici-bas avec leur faiblesse et le monde à conquérir, l'opposition du peuple juif, la nécessité où se sont trouvés les Apôtres d'abandonner la pratique d'une loi observée par leurs pères depuis quinze siècles, établie par Dieu même, que de motifs de doute ! Il y en eut, nous dit l'Évangile, qui doutèrent même en présence du Sauveur ressuscité. Combien plus ce doute n'a-t-il pas pu naître après son Ascension, surtout chez ceux qui n'avaient pas vu eux-mêmes le Sauveur ?

S'ils avaient raisonné, comme le veut Rousseau, s'ils s'étaient dit : Il y a des preuves, mais il y a des objections très fortes, restons dans l'ignorance et allons à nos affaires personnelles, la parole des Apôtres aurait été sans fruit. Le christianisme n'existerait pas ; il n'aurait pas changé la face du Monde et créé une société nouvelle. Il n'aurait pas produit cette énergique poussée vers l'idéal, il n'aurait pas donné à l'humanité les ailes dont Taine a parlé, ce secours si puissant et si précieux dont tant d'esprits sérieux reconnaissent aujourd'hui la nécessité, et sans lequel la société retournerait vers la barbarie. — C'est cet acte de foi des premiers chrétiens, inspiré sans doute par la grâce, mais produit par la coopération de leur volonté libre à la grâce, qui a renouvelé la face du monde. Cet acte de foi a consisté à passer outre sur de graves et puissantes objections et a suffi pour saisir et embrasser la vérité. Cela ne suffit-il pas pour montrer que le point de vue de la philosophie et de la science n'est pas le seul point de vue, et que les questions religieuses doivent être traitées par une autre méthode que les questions purement scientifiques ?

C'est ce qu'avait dit le Sauveur dans sa mémorable prière. « Je vous bénis, mon Père, d'avoir caché ces choses aux sages et aux savants et de les avoir révélées aux humbles. »

Les faits ont donné raison à cette parole.

Voici maintenant comment on peut répondre à l'objection rationaliste et justifier ce rôle de la volonté. Il faut reconnaître d'abord qu'il y a entre les questions scientifiques et les questions religieuses une profonde différence. Les questions scientifiques peuvent attendre. Le doute sur ces questions est sans inconvénient. Il n'influe pas sur la conduite de la vie humaine. Les questions religieuses, au contraire, sont pressantes. De leur solution dépendent des devoirs immédiats. Si Dieu existe, si Jésus-Christ nous a sauvés, nous devons l'aimer et le remercier dès aujourd'hui. Si l'homme a une mission à remplir en ce monde, si de ses actes dépend un avenir éternel, l'homme a besoin de le savoir dès à présent. Renvoyer la solution de cette question à un avenir indéfini serait absurde.

La croyance est une arme contre l'influence des mauvaises passions. Elle est un remède pour les maladies de l'âme. Renvoyer à l'avenir l'emploi de cette arme, c'est être vaincu d'avance. Ne pas user du remède, c'est s'exposer à voir la gangrène se mettre dans la plaie.

L'homme d'ailleurs n'est pas isolé dans ce monde. Tous ses actes ont un retentissement dans la société. Il doit procurer le bien de ses frères, il doit travailler au progrès de l'humanité. Or, la croyance est un moyen nécessaire pour remplir cette tâche. Il ne lui est donc pas loisible de l'abandonner ou de renoncer à se la procurer, et de rester volontairement dans le doute. Nous n'avons qu'une vie ; si la foi est utile, il faut croire pendant que nous vivons. Rousseau, que nous venons de citer, a senti lui-même la force de la raison que j'expose en ce moment. Il a soin, à la suite du conseil de scepticisme religieux qu'il vient de donner, de rappeler que la conscience à elle seule suffit pour enseigner à l'homme ses devoirs. Il sacrifie la religion positive parce qu'il se croit sûr d'avoir dans la religion naturelle une solution suffisante du problème religieux. Mais aujourd'hui, c'est une chose avérée que la religion naturelle est insuffisante. La conscience, au témoignage de laquelle Rousseau fait si souvent appel, témoigne elle-même, quand elle est sincère, qu'elle a besoin de l'Évangile, et que sans la religion elle est impuissante. Ce n'est pas la vraie conscience, c'est une conscience faussée et aveuglée par l'orgueil qui déclare pouvoir se suffire à elle-même. La conscience sincère sent que l'homme livré à ses propres forces est infiniment au-dessous de son idéal ; elle réclame à grands cris un secours céleste.

On comprend dès lors qu'elle commande de conserver la croyance qui est dans l'âme, qu'elle ordonne à la volonté de réprimer une curiosité imprudente ; c'est une question de salut qui est en jeu.

On s'explique aussi que, dans certains cas, l'homme qui cherche la lumière, sente le devoir de saisir la vérité comme un moyen nécessaire pour accomplir des devoirs pressants. En un mot, on s'explique que la volonté ne puisse rester indifférente. Cette impartialité froide qui convient à la science pure n'est pas de mise là où la conséquence des recherches est un bien ou un mal immense pour soi ou pour les autres. On comprend que cette crainte de ne pas être impartial est souvent un scrupule mal fondé. Il ne s'agit pas seulement d'éviter l'erreur, il s'agit de trouver et de saisir actuellement la vérité. Le risque que l'on courrait de se tromper par désir de croire est moins grand que le danger de laisser échapper une vérité nécessaire que l'on pouvait acquérir. L'amour de la vérité a deux faces : l'une regarde uniquement l'exclusion de l'erreur, on pourrait l'appeler l'amour de l'exactitude ; l'autre face plus importante, c'est le désir de posséder des vérités vivantes et consolantes qui peuvent nourrir l'âme, développer sa vie morale, et conduire l'homme à sa fin.

III

Notre explication n'est pas encore complète. S'il paraît nécessaire, par ce qui précède, que la volonté intervienne en faveur de la croyance, si l'homme ne doit pas et ne peut pas rester indifférent et impartial à l'égard de questions qui le touchent de si près, il y a lieu de se demander comment doit être dirigée cette intervention de la volonté, à quelles règles elle doit obéir pour être légitime. On ne peut pas, en effet, admettre qu'elle agisse aveuglément et sans raison en faveur d'une croyance quelconque.

La réponse à cette question est facile à donner. La volonté doit être dirigée par la conscience. Qui dit volonté libre dit responsabilité, qui dit responsabilité dit intervention de la conscience. La liberté, la responsabilité, la conscience sont trois idées qui se commandent l'une l'autre.

C'est la conscience qui dit à la volonté : Il ne faut pas écouter telle objection, il faut croire nonobstant cette difficulté.

Dans d'autres cas, c'est elle qui avertit celui qui se jetterait imprudemment du côté d'une croyance mal fondée.

Comment maintenant se forme le jugement de la conscience ?

Est-ce de la même manière et par les mêmes arguments que le jugement de la raison spéculative sur la vérité de l'objet de la croyance ? S'il en était ainsi, nous ne serions pas plus avancés et la difficulté serait tout aussi grande. Si la conscience, d'une part, se croyait obligée au même genre d'examen et à la même lenteur à conclure que la raison spéculative, si elle ne permettait ou n'ordonnait de croire qu'après un examen complet et absolument impartial de toutes les faces de la question et de toutes les objections, la conduite des chrétiens, telle que nous l'avons décrite, ne pourrait pas être justifiée.

Heureusement il n'en est pas ainsi, et c'est pour n'avoir pas saisi cette différence que beaucoup d'âmes se réfugient dans une foi aveugle. La conscience ne procède pas comme la raison spéculative et théorique.

Celle-ci parle à l'humanité entière. Elle n'admet aucun principe sans en avoir discuté la valeur, aucun fait sans l'avoir rigoureusement démontré. Elle ne tient compte d'aucune tradition, d'aucun enseignement sans l'avoir vérifié. Elle se tient pour obligée de répondre aux objections qui lui sont présentées. C'est ainsi qu'elle établit une démonstration solide et rigoureuse, indépendante des sentiments et des expériences de chacun.

La conscience parle à chaque individu. Elle prononce ses arrêts selon l'état d'âme de chacun en tenant compte des enseignements qu'il a reçus, et des faits qui se sont manifestés à son intelligence et à son cœur. Il arrive souvent qu'il y a dans cette âme certains points fixes, certaines convictions bien établies et vérifiées, une croyance motivée à la divinité du Christ, à la mission surnaturelle de l'Église, une vérité partielle bien comprise et sentie avec évidence, le souvenir de quelques faits qui prouvent l'action de Dieu d'une manière incontestable pour celui qui a été l'objet de cette action. Quand de tels points fixes existent, ils suffisent pour former le jugement de la conscience.

Ils permettent de repousser d'avance les objections en disant : je sais que je tiens la vérité ; tout ce qui la contredit est une erreur, je peux l'écarter sans m'y arrêter.

Mais ce n'est pas tout. Même quand ces points fixes n'existeraient pas, même quand tout serait ébranlé et qu'il faudrait tout reconstruire, la conscience possède des moyens spéciaux de saisir la vérité que ne possède pas la raison spéculative.

Précisément parce que la vérité religieuse est un besoin pour l'âme, l'âme a des moyens de l'acquérir.

Dans les études scientifiques, l'homme est un spéculateur qui tire tout ce qu'il apprend de l'objet qu'il étudie. Son intelligence seule est en jeu il ne s'appuie que sur des raisons objectives, il ne croit que ce qu'il voit en dehors de lui-même.

L'homme religieux, au contraire, est en contact immédiat avec la vérité. Il la voit vivre dans les chrétiens avec lesquels il est en rapport, il la sent dans leur parole, il la sent en lui-même.

Nous avons dit précédemment que la valeur morale des témoignages et l'action de la vérité sur l'âme ne s'imposent pas fatalement à l'intelligence et échappent à la critique abstraite. Ce sont des motifs que la conscience apprécie. Elle peut se servir aussi du sentiment religieux sans tomber dans les inconvénients de la foi purement sentimentale. Autre chose est d'être mû par le sentiment sans réfléchir et sans apprécier le sentiment lui-même, sans savoir s'il s'agit d'un sentiment moral ou d'une passion coupable ; autre chose est d'apprécier par la conscience la valeur d'un sentiment. Quand le jugement de la conscience intervient, le sentiment devient une preuve. Il y a une certaine mesure d'amour, une certaine nature d'amour qui échappe à l'illusion et dont l'objet ne saurait être chimérique.

Il y a aussi une foi instinctive dans la Providence, une croyance naturelle à l'harmonie du vrai avec le beau, un sentiment intime que le pessimisme est une erreur et que le principe du monde ne peut pas être injuste et cruel.

Ce sont des principes qui ont une évidence spéciale, intime et profonde, différente de l'évidence physique ou logique. On sent qu'ils sont vrais, qu'on doit y croire, qu'il est mal de ne pas y croire. Théoriquement et spéculativement on peut les contester. On peut discuter en théorie l'hypothèse d'un Dieu cruel ou d'une nature indifférente et aveugle. On peut se dire ce qu'a dit Renan : Peut-être la vérité serait-elle triste et les aspirations du cœur mensongères. Mais moralement et en écoutant la conscience et le cœur, on sent que ces systèmes sont faux, et qu'il est coupable de leur donner accès dans l'âme. Tel est l'état de la conscience de bien des hommes ; il semble que ce soit l'état naturel de la conscience humaine auquel le pessimisme répugne. S'il y a des hommes qui pensent autrement, n'est-ce pas l'effet des doctrines négatives et des préjugés qui les ont envahis et qu'ils n'ont pu secouer ? Ces sentiments profonds gravés dans la conscience peuvent nous aider à écarter comme fausse et coupable l'hypothèse qu'une religion nécessaire à l'homme, produisant des vertus héroïques, ouvrant à ceux qui se sacrifient pour la justice des perspectives consolantes, soit une erreur et une imposture ; que les martyrs se soient sacrifiés pour rien. Ces mêmes principes de la conscience font rejeter comme un blasphème l'idée qu'une force morale poussant l'humanité vers l'idéal d'une manière pratique et puissante pendant des siècles puissse être le produit de l'illusion et du mensonge.

L'Évangile réprouve, sous le nom de péché contre le Saint-Esprit, le crime de ceux qui attribuaient au démon les merveilles faites par le Sauveur. N'est ce pas un crime intellectuel et moral du même genre que commettent ceux qui attribuent les vertus des saints et l'action de l'Église sur les sociétés, l'influence de l'Évangile sur le monde, à

la folie, au mensonge, et surtout ceux qui ne craignent pas
d'expliquer ainsi la vie, les vertus et l'œuvre du Christ ?
N'y a t-il pas, dans la conscience même, un avertissement
contre les interprétations blasphématoires ; et dès lors, ne
peut-on pas dire que la conscience et le cœur droit peuvent se prononcer là où la raison spéculative hésiterait
encore ?

V

Ainsi c'est la conscience qui donne, pour chaque individu, la vraie solution du problème religieux. La raison
théorique isolée ne produirait pas une conviction vivante
et pratique, et risquerait, à cause des objections, de laisser
s'ouvrir la porte du scepticisme.

Le sentiment et l'enthousiasme isolés jettent l'homme
dans un illuminisme dangereux. La conscience, c'est-à-
dire la raison appliquée aux questions pratiques, dirigeant
et gouvernant le désir de croire, tenant compte des besoins et des aspirations du cœur, prononce dans le fond
intime de l'âme de chacun sur cette grande et solennelle
question : Faut-il croire à l'Evangile ? Est-ce un devoir
de donner son assentiment à la révélation chrétienne, de
la considérer comme une parole divine ? La conscience
aussi peut subsidiairement, si cela est nécessaire, prononcer sur cette question : Faut-il croire à un Dieu personnel et parfait ? Elle supplée ainsi à la preuve rigoureuse que la raison donne, quand cette preuve n'est pas
comprise. Enfin la conscience peut aussi porter son jugement sur les diverses formes du christianisme.

Quand il s'agit de l'existence de Dieu, ce jugement de
la conscience est presque toujours affirmatif ; je dis
presque toujours, parce qu'il peut y avoir des esprits tellement imbus du scepticisme contemporain que le devoir
de reconnaître le Maître suprême et le Père céleste ne
leur apparaisse pas. On doutait autrefois que cela fût possible : il est difficile de ne pas l'admettre aujourd'hui.
Néanmoins, si la conscience n'ordonne pas toujours de
croire actuellement en Dieu, elle ordonne, en tout cas, de
chercher Dieu, elle ne laisse pas l'athée en paix dans la
négation.

Quand il s'agit de la révélation chrétienne et des diverses formes du christianisme, la conscience subit l'action des impressions reçues dans l'enfance et des influences postérieures qui s'exercent sur l'âme.

La perception intime de la vérité peut aussi être modifiée par la liberté de celui dans l'âme duquel se pose cette question suprême.

S'il est fidèle à la lumière reçue, la lumière va croissant ; s'il résiste, elle peut s'affaiblir et s'obscurcir. S'il donne entrée à l'erreur en résistant à la conscience, la conscience elle-même peut être plus tard altérée et faussée.

Ainsi s'expliquent les variétés des convictions religieuses. Ces convictions diverses et opposées peuvent être consciencieuses parce que la lumière a subi diverses influences venant soit du dehors, soit du dedans, produites par des causes extérieures ou par la volonté du croyant. Ces divers états de la conscience sont régis par un principe général. Chacun doit suivre la lumière de sa conscience telle qu'il la voit. S'il suit fidèlement cette lumière, il arrivera certainement soit à la vérité intégrale, soit à une part de vérité de plus en plus complète et suffisante pour le salut. Dieu ne peut demander à personne plus que de suivre sa conscience, car jamais il ne demande l'impossible. Ce serait ici le lieu de parler de l'action de la grâce divine qui intervient dans la formation de ce jugement de la conscience. Mais comme le temps presse, je me contente de dire que selon la doctrine catholique la grâce est offerte à tous et qu'elle ne force personne ; elle laisse toujours intacte la liberté de lui obéir ou de lui résister

J'ajoute qu'il y a des grâces miraculeuses de conversion telle que celle qui de Paul persécuteur fait un apôtre. Ces grâces sont rares bien qu'il y en ait des exemples en tous les siècles et notamment dans celui qui va finir. Ce sont des exceptions. Les grâces ordinaires, celles qui sont accordées à tous, n'ont pas un caractère éclatant ; elles se cachent sous le voile des croyances extérieures ou des sentiments intimes de l'âme ; elles produisent obscurément leur effet salutaire. On ne s'aperçoit de leur existence que par leur effet.

Un écrivain contemporain a dit cette parole : « Si je savais où est l'entrée du chemin de Damas, je m'y rendrais de suite ». — C'est un sentiment louable, mais celui qui a prononcé cette parole était dans l'erreur s'il pensait que toutes les grâces de conversion sont miraculeuses. Le chemin de Damas n'est pas ouvert à tous, mais il y a un chemin qui est toujours ouvert, c'est celui où marche la volonté de croire dirigée par la conscience, fidèle à la lumière reçue, et s'avançant de clarté en clarté. Tout le monde peut entrer dans ce chemin. Ceux qui persévèrent à y marcher, sont certains d'arriver au terme.

VI

C'est ce chemin que je dois tracer dans les leçons qui vont suivre. Vous en voyez maintenant l'entrée.

La foi doit être motivée, elle ne doit pas être aveugle. Les motifs de la foi doivent être approuvés par la conscience de chacun.

La conscience ne se prononce pas directement sur la vérité de la religion, elle se prononce sur le devoir de croire. Elle se prononce sur cette question suprême qui regarde chaque individu, et à laquelle la conscience de l'individu peut seule répondre : En présence de telle raison de croire que j'aperçois, puis-je croire et dois-je croire ? Dois-je donner mon assentiment à une doctrine en la considérant comme une parole divine ? S'appuyant sur ce jugement, la conscience, la volonté libre se tourne du côté de la foi. Sous son action, la persuasion se produit. Appelées par elle, les raisons de croire viennent briller dans l'intelligence ; elles agissent sur le cœur et y produisent le désir de la foi ; les objections repoussées disparaissent et sont rejetées dans l'ombre. Poursuivie alors par le désir ardent du cœur, la vérité se manifeste, les nuages qui l'enveloppaient se dissipent, et l'âme tout entière se précipite vers elle en s'écriant : Mon Dieu, je crois en vous ; Jésus, vous êtes le Fils de Dieu, vous êtes mon Sauveur, j'accepte, mais j'accepte volontairement.

Telle est la manière selon laquelle se forme la foi. Volontaire et motivée, éloignée du rationalisme et de l'illuminisme, elle trouve tout véritable dans une volonté consciencieuse et dans une conscience éclairée par la raison, par le cœur et par la grâce divine.

Convenons néanmoins qu'il subsiste dans cet acte de

foi ainsi défini quelque chose de mystérieux. Cela n'a rien qui doive surprendre, rien qui ne soit conforme à la raison. Le mystère n'enveloppe-t-il pas de toutes parts la connaissance humaine, et ce que nous comprenons, ce que nous savons, ne se rattache-t-il pas toujours à ce qui nous dépasse, à ce que nous ignorons ?

Il nous reste à tirer de cette analyse de la foi chrétienne une conséquence importante. C'est que les raisons suffisantes de croire que tout homme a le devoir de chercher pour appuyer sa foi, et que les défenseurs de la religion doivent présenter à ceux qui les écoutent, ne sont pas des raisons nécessitantes, imposant la conviction comme le font les mathématiques. Ce ne sont pas non plus de simples considérations vagues, capables d'émouvoir le cœur et d'agir sur l'imagination. Ce sont des raisons sérieuses et solides, que la conscience apprécie. Ce sont des raisonnements solides, ce sont surtout des faits bien avérés tels que ceux que raconte l'Évangile. En appréciant ces arguments, en se prononçant sur une question dont dépend la direction de sa vie entière, et son bonheur ou son malheur suprême, l'homme se comporte comme le ferait un juré qui doit prononcer sur le sort d'un accusé. Il fait pour lui-même ce que le juré fait à l'égard de l'accusé. L'un et l'autre sont obligés de conclure, et de conclure sans tarder ; l'un et l'autre n'ont pas le droit de conclure sans preuves suffisantes.

Dans la suite de ces études, j'espère montrer que ces raisons suffisantes sont plus nombreuses et plus faciles à constater qu'on ne le croit généralement de nos jours, et que Dieu a mis la vérité à la portée des âmes de bonne volonté.

TROISIÈME LEÇON

Nous continuons l'étude des conditions de l'accord entre la raison et la foi.

Ces conditions doivent, comme je l'ai montré, être tirées de la définition même de la foi chrétienne qui est l'acceptation raisonnable et motivée d'une parole divine authentique. La volonté a un rôle nécessaire et légitime dans cette acceptation. Ce rôle ne consiste pas, comme bien des personnes le supposent, à suppléer à la faiblesse des preuves de la vérité du christianisme ; les preuves sont suffisantes, elles sont rigoureuses et ne peuvent être réfutées ; c'est en essayant de les détruire que bien des penseurs contemporains sont tombés dans l'état d'impuissance et de contradiction que nous avons constaté.

C'est à cause de la nature de l'assentiment exigé par la foi, assentiment qui doit être l'œuvre de l'âme tout entière, c'est à cause des objections qui viennent troubler la démonstration et aussi parce que cette démonstration demande de longues études, que la croyance volontaire et motivée se substitue nécessairement à la conclusion scientifique d'un raisonnement.

La volonté produit cette croyance sous la direction et suivant les prescriptions de la conscience qui se prononce sur la question pratique du devoir de croire. Les motifs rationnels entrent comme éléments dans cette décision.

Aujourd'hui nous allons appliquer ces principes à la première des deux conditions essentielles et préalables sans lesquelles la foi est impossible, la croyance au Dieu personnel et parfait.

Qui ne croit pas à un tel Dieu, qui ne reconnaît d'autre

divinité qu'un idéal abstrait ou une nature inconsciente et aveugle, ne saurait avoir la foi chrétienne et profiter de ces bienfaits. Un idéal sans vie et une puissance aveugle ne sont pas des êtres pensants ; ils ne connaissent pas la vérité et ne peuvent la communiquer aux hommes, ils ne peuvent pas parler, ni enseigner ; c'est par un abus de langage qu'on donne aux objets de ces notions le nom de Dieu. Le vrai sens de ce mot désigne un Être vivant et personnel, en même temps que tout-puissant et parfait. Nous devons tout d'abord, pour justifier la croyance en Dieu, montrer que cette croyance est conforme à la raison.

Une telle démonstration n'aurait pas été pratiquement nécessaire, il y a deux siècles. L'athéisme existait sans doute, mais à titre d'exception et d'exception méprisée. Le panthéisme était enseigné dans certaines chaires et avait des adhérents, mais c'était une doctrine d'école philosophique et non une opinion répandue dans le public. Il existe un récit curieux, celui de la conversion d'un homme qui avait mené une vie légère et était célèbre par ses plaisanteries sur toute espèce de sujets (1). On y voit la réponse que cet homme fit au Père Pététot qui, appelé auprès de son lit d'agonie (2), crut devoir lui demander s'il croyait en Dieu. Il s'indigna à cette question et répondit : « On a pu dire bien des choses de moi, mais on n'a jamais dit que j'étais un sot ». Être athée lui semblait une preuve de faiblesse d'intelligence, disons le mot, de sottise.

Il n'en est plus de même aujourd'hui. La croyance au Dieu personnel a cessé d'être une doctrine reconnue par la masse des gens éclairés. Chose singulière, c'est même l'acceptation de cette idée d'un Dieu personnel et parfait qui semble aux incroyants de notre époque la plus grande difficulté de l'adhésion à la religion chrétienne. Littré, dans les derniers temps de sa vie, avait, dit-on déclaré qu'il lui serait facile de croire à la religion catholique, s'il pouvait se persuader que le Dieu personnel, tel que les chrétiens l'adorent, existât réellement (3).

(1) M. de Montrond.
(2) C'était le duc Victor de Broglie qui avait introduit l'abbé Pététot auprès de M. de Montrond. Je tiens ce fait du P. Pététot lui-même. (A. L.)
(3) M. de Broglie savait ce détail par Mgr d'Hulst, qui l'avait lui-

Il semble que de nos jours, à la différence de ce qui se passait autrefois, il soit plus facile de se soumettre au chef visible de l'Eglise qu'au Dieu que l'Eglise adore.

Si la croyance au Dieu personnel est le point le plus difficile à accepter pour ceux qui sont imbus des préjugés régnants, c'est aussi pour les croyants le point où la croyance est le plus facile à ébranler. Ce n'est plus vers l'hérésie protestante ou janséniste, ce n'est plus vers le déisme de Rousseau que les tentations contre la foi poussent ceux qui les subissent, c'est contre la Providence divine, contre la bonté ou la justice de Dieu que se dressent les objections qui troublent le plus les âmes.

Aussi le point principal de la défense de la religion est-il la justification de la croyance au vrai Dieu. C'est aussi la condition maîtresse et fondamentale de l'accord entre la raison et la foi.

S'il est établi que la raison naturelle et la Bible sont d'accord pour reconnaître le vrai Dieu, que les attributs de la cause suprême de l'univers découverts par la raison sont les mêmes que les traits distinctifs du Dieu de la Bible, l'accord se trouvant réalisé dans le principe commun des deux ordres de connaissance naturelle et surnaturelle, les discordances de détail doivent nécessairement disparaître. Si, au contraire, la notion rationnelle et la notion biblique et évangélique de Dieu étaient différentes, c'est vainement que l'on espérerait établir l'harmonie entre la religion et la philosophie, le dissentiment serait irrémédiable.

C'est donc sur ce point que doit porter tout d'abord notre examen.

II

Il existe une démonstration philosophique rigoureuse de l'existence et des attributs de l'Etre suprême. Quand

même appris d'un prêtre, leur égal par l'intelligence et par le cœur, M. l'abbé Huvelin. Littré ne tint pourtant pas ce langage jusqu'à la fin. Il se sentait coupable, — quel homme ne l'a jamais été ? — et il déplorait ses fautes. « J'aimerais mieux, » disait-il à M. Huvelin, « n'avoir été rien de ce que j'ai été, de ce que j'ai désiré être, et n'avoir pas fait de péché dans ma vie. » Le besoin de pardon fit chercher et trouver au savant mourant le Dieu qui pardonne. (A. L.)

on admet dans leur plénitude les deux grands principes de la raison, le principe de contradiction qui exclut le panthéisme, qui ne permet pas de dire que Dieu et le monde sont un même être, et le principe de causalité qui exclut tout hasard de la série des causes et qui exige que la cause soit supérieure à l'effet, on peut arriver, par une démonstration semblable à celle des mathématiques, jusqu'à l'idée d'un Être suprême existant nécessairement, indépendant du monde, ayant créé le monde librement, et possédant à un degré infini toutes les perfections, y comprises celles que possède l'homme : la vie, l'intelligence, l'amour, la justice, la sainteté.

Ce n'est pas cette route que je vous propose de prendre pour arriver à la connaissance du vrai Dieu.

Elle est trop abstraite et trop métaphysique. En outre, la philosophie contemporaine s'est attaquée aux deux principes fondamentaux de la démonstration, elle a essayé d'en atténuer la portée, elle a mis en question l'autorité même de la raison. Ceux qui ont subi cette influence néfaste sont d'avance prévenus contre la démonstration philosophique de l'existence de Dieu. Ils n'en sentent pas la force ; elle ne s'empare pas de leur intelligence. Aussi est-il utile de prendre une autre route plus facile qui conduit au même terme.

Voici comment nous allons procéder.

Nous nous placerons d'abord en présence de la notion chrétienne et biblique du vrai Dieu, nous tâcherons de bien définir le caractère de Dieu d'après la Bible, et de voir ce que doivent être les effets, la cause étant connue. Puis nous verrons si les faits expérimentaux, si le monde physique, si l'âme humaine, ses principes, ses sentiments, ses aspirations, et enfin les faits de l'histoire, peuvent être expliqués en partant de l'idée chrétienne du vrai Dieu, et si cette notion en est la seule explication possible. Ce sera comme une vérification expérimentale de cette idée ; ce sera procéder à la manière des savants qui posent une hypothèse et interrogent ensuite la nature pour en chercher la confirmation ou pour en reconnaître l'erreur.

Néanmoins il importe de remarquer que la notion chrétienne de Dieu ne peut être considérée comme une simple hypothèse arbitrairement posée.

C'est une notion qui a été l'objet de la croyance d'innombrables générations d'hommes formant depuis dix-neuf siècles la partie la plus civilisée de l'humanité. C'est une notion qui a satisfait les plus hautes et les plus nobles intelligences, qui a été l'objet de la méditation des plus puissants génies philosophiques, et qui, en même temps, par un caractère étrange et qui n'appartient à aucune autre idée, est accessible aux âmes les plus simples et pénètre dans le cœur des petits et des enfants. Cette idée chrétienne de Dieu est une idée efficace et salutaire qui produit les vertus morales, qui combat le vice, qui console les malheurs immérités, dont la prédication a renouvelé la face du monde, a créé un état social supérieur. C'est une idée qui a obtenu des hommes les sacrifices les plus héroïques, qui est scellée du sang des martyrs, et pour laquelle des multitudes d'âmes généreuses sont portées à se sacrifier. Ce n'est donc pas une simple hypothèse, c'est une haute et puissante affirmation, c'est la parole sincère d'une multitude immense de témoins d'une sincérité indiscutable et d'une valeur intellectuelle et morale immense.

En supposant donc que ce grand témoignage de la partie croyante de l'humanité ne suffise pas à lui seul pour rendre l'objet de cette croyance certain, il lui confère tout au moins une très haute présomption de vérité, il lui donne le droit à être examiné avant toute autre solution du même problème. Ce témoignage suffit pour condamner comme souverainement imprudente la conduite de ceux qui écartent *a priori* la solution chrétienne du problème du monde, qui passent à côté du Dieu chrétien sans daigner le regarder, qui raisonnent en philosophie et en histoire comme si la croyance au Père céleste n'existait pas dans l'humanité.

On a reproché jadis aux colons grecs qui ont bâti sur le Bosphore la ville de Chalcédoine, d'avoir passé à côté de la magnifique situation de Byzance sans la remarquer, et d'avoir fondé leur colonie sur une côte stérile dont le port est incommode ; on a appelé Chalcédoine la ville bâtie par des aveugles. Or, n'est-ce pas ce que font les philosophes qui essayent de créer des systèmes nouveaux de métaphysique et de théodicée, et qui passent à côté de la théodicée chrétienne sans daigner même la discuter ? Nous n'imiterons pas cette orgueilleuse imprudence ; nous

ne nous jetterons pas dans des sentiers inexplorés avant
d'avoir vérifié si la route où ont marché devant nous tant
d'hommes de génie, tant d'hommes de bien, tant de héros
et de saints, n'est pas celle qui conduit à la connaissance
de cet au-delà qui semble si nécessaire à l'humanité, dont
en ce moment elle se sent portée à reprendre la pour-
suite.

III

Le vrai Dieu est souvent appelé, dans la sainte Écriture,
le Dieu vivant ; c'est en effet la réalité vivante qui est le
trait le plus frappant du Dieu d'Israël. C'est un être qui
se connaît lui-même, qui veut, qui agit et communique
ses volontés.

C'est un être souverainement libre et indépendant ;
c'est par sa parole, c'est-à-dire par un acte de volonté, que
le monde a été créé, il peut l'anéantir par une autre parole ; il ne dépend en rien de l'univers, qui dépend au contraire entièrement de lui.

Cette indépendance est un des traits distinctifs du Dieu
des Juifs et des Chrétiens. Entre l'Être suprême et les
autres êtres s'interpose l'acte libre de la création qui établit une distinction profonde, qui met entre Dieu et le
monde la distance de l'infini au fini, du nécessaire au con-
tingent, de l'Être qui existe par lui-même aux êtres dont
l'existence résulte de sa libre volonté.

Considéré en lui-même et indépendamment de ses
œuvres, Dieu possède la plénitude de l'être, Il est souverainement vivant d'une vie intime et cachée, il se connaît,
il s'aime, il est intelligence et amour. Cette vie est éternelle, elle est au-dessus des conditions du temps. Dans ses rapports avec la créature, Dieu est à la fois leur principe réel
et leur dernière fin. Il est le modèle idéal de tous les êtres et
la providence qui les gouverne. Il est la source de la justice, la voix qui parle dans la conscience ; il est la miséri-
corde, il est la bonté, il est l'amour, il est le Père céleste
en même temps que le juge suprême.

Un dernier caractère complète cette notion.

Dieu est ineffable, incompréhensible et mystérieux ; invisible aux yeux du corps, il est, à cause de sa transcendance même, inaccessible aux regards directs de la raison.

Il ne peut être connu que par ses œuvres, il ne peut être contemplé ici-bas que dans le miroir obscur des créatures. Ce ne sera que dans la vie future et encore par l'effet d'une action spéciale, libre et gratuite du vrai Dieu élevant l'âme humaine au-dessus de sa nature, que l'homme pourra contempler l'Etre infini face à face, tel qu'il est.

Telle est la notion de Dieu, dont le développement mystérieux peut être cherché dans les œuvres du grand docteur dont nous célébrons la fête aujourd'hui (1). Le traité de Dieu, de saint Thomas d'Aquin, est un exposé philosophique d'une incomparable grandeur et d'une beauté qui ravit l'intelligence.

Est-il nécessaire de défendre cette notion contre le reproche vulgaire de la philosophie contemporaine, contre l'accusation d'anthropomorphisme?

En admettant un Dieu personnel, sage, libre, juste et bon, nous ne faisons, disent certains philosophes, que transporter à Dieu ce qui est dans l'homme, que faire Dieu à notre image.

La réponse est bien simple. C'est précisément le principe de la théodicée chrétienne, que Dieu est transcendant, qu'il est tellement élevé au-dessus de toute créature qu'il n'est semblable à aucune, tandis que chacune d'elles est une reproduction imparfaite de quelques-unes de ses perfections.

Nous ne connaissons Dieu que par analogie, mais cette analogie est une vraie connaissance.

Nous disons que Dieu est sage, juste, libre et bon ; par ces paroles, nous entendons qu'il possède des perfections dont la sagesse, la justice, la liberté et la bonté qui sont dans l'homme sont une image imparfaite. Mais en lui ces perfections sont tout autres que ce qu'elles sont en nous. Si nous les mettions en question, si nous disions que nous ignorons si Dieu est libre ou esclave, aveugle ou voyant, bon ou méchant, juste ou injuste, ne serait-ce pas le diminuer, ne serait-ce pas un blasphème? On peut d'ailleurs retourner, contre ceux qui rejettent la notion du Dieu chrétien, le reproche qu'ils nous adressent. Qu'est-ce que le Dieu du panthéisme moderne, qu'est-ce que cette nature aveugle et inconsciente qui grandit et se développe sans se connaître

(1) 7 mars 1895.

elle-même, et qui ne se connaît qu'à la fin de son évolution, quand elle a produit l'homme ?

C'est tout simplement une plante ou un arbre divinisé. Cette croissance inconsciente qui se termine par un fruit supérieur à tout ce qui le produit, c'est la vie végétale.

Pour ne pas faire Dieu semblable à l'homme, on le fait semblable à la plante.

Qu'est-ce que ce Dieu d'Herbert Spencer, cet inconnaissable dont l'existence est constatée uniquement par le fait physique de la conservation de l'énergie, qui se confond avec la matière et la force ? C'est la matière et la force divinisées, c'est un Dieu qui n'a que des attributs mécaniques.

Qu'est-ce que le Dieu idéal de Renan ? C'est une pensée de l'homme, une pensée abstraite transformée en divinité. Personne donc n'échappe à la nécessité de se servir des analogies tirées des créatures quand il veut parler de Dieu. Dès lors ne faut-il pas choisir, parmi ces créatures, celles qui sont les meilleures, les plus élevées, les plus riches en perfections, pour expliquer imparfaitement les perfections de l'Être ineffable ?

Un autre reproche que la philosophie contemporaine a fait à la notion du Dieu chrétien, c'est de représenter un Être chimérique, un être formé d'attributs contradictoires.

Ici notre réponse se tire encore de la transcendance de l'Être infini. Oui, les attributs de Dieu se contrediraient s'ils étaient exactement semblables à l'image qui les représente. Mais ils sont autres, et nous ne savons pas ce qu'ils sont. Il n'y a donc pas lieu de se demander s'ils peuvent s'accorder ni comment s'établit leur accord. La nature divine est incompréhensible et l'ombre impénétrable couvre précisément le nœud mystérieux des divers attributs.

Il n'y a donc pas lieu de poser la question de savoir si l'être que représente la notion chrétienne de Dieu, est un être possible. Cette question est insoluble pour nous ; nous ne possédons pas les éléments de la solution (1).

Mais nous pouvons savoir que cet Être existe réellement, nous le savons parce qu'il se manifeste à nous dans ses œuvres.

(1) Si la seule analyse des idées ne nous montre pas que Dieu soit *possible*, elle ne nous montre pas non plus qu'il soit *impossible*. (A. L.)

Il faut, avant d'étudier ces manifestations, nous rappeler que la liberté est le trait caractéristique de la puissance divine. Aucune nécessité ne s'impose à Dieu. Il ne crée que parce qu'il veut créer, il ne crée que ce qu'il veut. Dès lors aussi, Dieu ne se manifeste que dans la mesure où il veut librement se manifester. Le degré de clarté de cette manifestation dépend de sa libre volonté. S'il lui plaît de rester voilé en partie, de ne se montrer qu'en se cachant, de ne se laisser découvrir qu'à la condition d'être cherché par l'homme, il peut le faire.

Or, ce mode de manifestation, cette lumière mêlée d'ombre, ces signes qui peuvent être interprétés par ceux qui cherchent la vérité sincèrement et qui peuvent rester cachés à ceux qui la dédaignent ou la repoussent, paraissent avoir été le dessein du vrai Dieu. La foi qui est une connaissance indirecte et obscure est la condition demandée pour le salut et pour la participation aux promesses divines. Il n'y a donc rien d'étonnant à supposer que, dans l'ordre naturel comme dans l'ordre surnaturel, la connaissance que l'on pourra acquérir soit obscure et mêlée d'ombre. Dieu, nous dit saint Paul, a laissé les hommes dans l'ignorance afin qu'ils puissent chercher Dieu et l'atteindre par leurs efforts comme on cherche à tâtons dans l'obscurité : *Quærere Deum si forte attrectent eum* (1). Nous ne devons donc pas nous attendre à trouver, en contemplant l'univers, une manifestation éclatante de la puissance divine telle qu'elle s'impose à notre intelligence malgré elle. Il suffit que nous apercevions des marques assez évidentes de l'action d'une cause toute-puissante et bonne pour prouver que le Dieu chrétien existe tel que nous venons de le définir. Il peut se faire et il est probable que nous ne pouvons apercevoir ces signes qu'à la condition de les chercher fidèlement et consciencieusement. Il peut et il doit même y avoir des apparences contraires qui pourraient nous tromper si nous nous y arrêtions, qui pourraient être des prétextes pour un doute coupable ou même, dans certains cas, des motifs pour un doute involontaire et passager que la persévérance dans une recherche sincère finira par dissiper.

Voyons maintenant si ces prévisions se réalisent. Voyons

____

(1) *Act. Ap.*, xvii, 27.

si les marques de l'action divine se manifestent dans le monde physique, dans le monde intérieur de la pensée et du cœur, et dans l'histoire de l'humanité.

Voyons si ces marques sont suffisantes pour justifier la croyance au Dieu chrétien, pour faire de cette croyance un acte raisonnable qui par là même, en raison de ses conséquences, deviendra un acte obligatoire imposé à l'homme par sa conscience.

III

S'il est une chose évidente entre toutes, c'est que l'idée d'une cause intelligente est l'explication naturelle et simple du monde physique.

L'analogie est si frappante entre certaines œuvres de la nature et les œuvres de l'industrie humaine, entre l'œil humain et une lunette, entre l'oreille et un instrument de musique, l'adaptation des organes à leur fonction est si merveilleuse, la prévision de l'avenir est si frappante dans les dispositions prises par la nature pour la conservation de la vie et la croissance des individus, pour leur reproduction et la conservation des espèces, qu'on se demande comment l'action d'une telle cause a pu être mise en doute. C'est aussi un des résultats incontestables des sciences physiques que l'empire universel dans le monde de lois qui sont de véritables pensées, de lois mathématiques, géométriques, algébriques.

La physique et la chimie ressemblent au déchiffrement des vieilles inscriptions de l'Égypte et de la Chaldée. Les savants découvrent une pensée qu'ils n'auraient pas pu deviner avant l'expérience. Ils approchent graduellement de la connaissance d'un réseau de lois découlant de principes simples auxquels la nature obéit partout, et qui permettent à l'homme de la gouverner. Ces lois ne sont pas des pensées de l'homme, ce sont des pensées de Dieu que l'homme découvre dans la nature où elles sont gravées. Enfin, la grande théorie de l'évolution, le progrès des espèces organiques de quelque manière qu'il se produise, est la révélation d'un véritable plan qui se déroule sous les yeux de la science. Or, un plan suppose une intelligence. En présence de ces faits, on se demande comment il peut se faire qu'à notre époque l'idée d'un monde sans Dieu ait tant de partisans. On se demande comment on préfère à cette explication les hypothèses les plus étranges et les plus incroyables, l'ordre produit par le hasard ou une pensée impersonnelle qui ne serait pas l'acte d'un être pensant. Il faut certainement attribuer en grande partie cet abandon de l'explication simple et naturelle de l'ordre par une cause intelligente au désir d'échapper à l'idée de Dieu et de secouer le joug d'un maître, c'est-à-dire à l'orgueil de la raison. L'homme fait aujourd'hui comme Adam dans le paradis ; il fuit Dieu et se cache pour ne pas paraître devant son maître et son juge.

Mais il y a lieu aussi de tenir compte du fait que nous avons prévu. S'il y a des marques évidentes de l'action d'une intelligence dans certaines parties de l'univers, il y a aussi une apparence de hasard. Nous ne pouvons saisir le plan d'ensemble. Un grand nombre de faits, si l'on regarde par une vue superficielle, paraissent le résultat de la simple rencontre de causes aveugles. Ainsi les étoiles répandues dans l'immensité y apparaissent sans ordre apparent comme si elles avaient été jetées dans l'espace par une main indifférente.

Les diverses planètes du système solaire se sont détachées à diverses époques d'une nébuleuse primordiale sans qu'il y ait entre leurs dimensions et leur distance de proportion exacte. La configuration du système dépend d'un premier état de confusion et de mouvements irréguliers de la matière. Il en est de même de la configuration de la surface du sol terrestre, des montagnes, des vallées, résultat des dépôts sédimentaires d'éclosion ; des plissements ou des soulèvements de la croûte terrestre. L'action d'une intelligence ne semble pas se manifester avec évidence dans ces faits. On n'y voit aucun plan.

Nous voyons dans le monde organique une incroyable surabondance de germes. Des milliards d'êtres vivants ne naissent que pour périr aussitôt après leur naissance. Des espèces et des races disparaissent pour être remplacées par d'autres, et ce sont des circonstances en apparence fortuites, des changements de milieu, de climat, des bouleversements géologiques, qui causent ces changements.

Il semble que personne ne s'occupe de ces êtres, et la parole de l'Evangile disant qu'aucun passereau ne peut périr que le Père céleste ne l'ait voulu, semble démentie par les faits.

Serait-il donc raisonnable, en présence de cette double série de faits dont les uns montrent si clairement l'action d'une cause intelligente et dont les autres semblent arriver d'une manière imprévue par l'effet de causes aveugles et mécaniques, de rester dans le doute? Y a-t-il là des raisons en sens contraire, se balançant de telle sorte qu'il n'y ait pas lieu de se prononcer et qu'il n'y ait pas moyen de trancher l'alternative? Nullement. Rien, au contraire, n'est plus raisonnable que de conclure en faveur d'une cause suprême intelligente. Rien n'est plus contraire à la raison que de laisser cette question en suspens.

Nous devons, en effet, prévoir comme nous l'avons annoncé, que la manifestation de Dieu doit être mêlée de lumière et d'ombres. Vivant dans un coin de l'univers, êtres nés d'hier et devant périr demain, nous n'avons aucun droit de connaître le plan général de l'univers. S'il a plu à Dieu de laisser agir les causes secondaires, s'il lui plait de voiler son action derrière celle de ces causes et de ne la révéler qu'à certains moments, il est libre de le faire.

L'idée du vrai Dieu n'en est pas moins la pleine et suffisante explication de l'univers. Ce qui nous semble arbitraire est le résultat du choix de Dieu, choix déterminé par des motifs que nous ignorons. Cette confusion primordiale d'où est sorti le système solaire et dont l'effet continue à se manifester dans les révolutions de la croûte terrestre, ce chaos est l'œuvre de cette volonté de Dieu à qui il a plu d'y faire briller l'ordre au temps et dans la mesure qu'il a choisis. Si tant de germes sont détruits, si des multitudes d'êtres naissent pour mourir sans avoir accompli leur croissance et rempli le rôle que la nature semblait leur assigner, c'est que rien ne coûte au Tout-Puissant, qu'il peut prodiguer la vie sans épuiser, sans même diminuer les richesses de sa fécondité créatrice. L'Écriture semble nous dire, en parlant de la sagesse divine, qu'elle se joue sur la surface de la terre, *ludens coram eo in orbe terrarum* (1). Si, quand il lui plait, cette sagesse sait mesurer exactement les moyens nécessaires pour une fin, si elle dispose les plus petites choses pour un but qu'elle s'assigne d'avance, employant le moins de force possible, dans d'autres cas elle montre sa richesse et sa

(1) *Proverb.*, VIII, 31.

toute-puissance en jetant l'existence et la vie à tous les vents. Aussi la toute-puissance et la liberté divines se manifestent en un temps que la sagesse du Créateur a fixé. C'est le Dieu du déisme obligé à suivre des lois générales que cette objection pourrait peut-être atteindre ; elle n'atteint pas le Dieu chrétien ; le désordre apparent est la preuve de son choix libre, comme l'ordre est la marque d'un plan. Otez, au contraire, l'idée du Dieu chrétien, et rien ne s'explique dans l'univers.

Que serait, en effet, le hasard primordial qui aurait distribué la matière sans aucun plan déterminé ? Le hasard n'est rien, c'est un mot et non une réalité. Si c'était une réalité, elle serait destructive de la science. On ne conçoit pas, en effet, comment une force capricieuse et aveugle se serait disciplinée pour se plier sous le déterminisme universel.

Autrefois on pouvait, à la rigueur, croire à un hasard primitif parce qu'on admettait l'existence du hasard dans le cours des événements ordinaires.

Maintenant nous savons qu'il n'est pas dans l'ordre physique un seul fait, quelque minime qu'il soit, dont les lois invariables de la nature ne fixent l'existence, et que si ces lois étaient connues, nous pourrions rendre compte de tous les faits.

Le hasard n'existe donc pas dans le cours des choses. Il est absurde d'affirmer qu'il ait existé à l'origine.

D'autre part, les lois naturelles, les lois dont le réseau embrasse tout ce qui peut être vu et touché, ne rendent pas compte elles-mêmes des faits qu'elles régissent.

Que sont les lois ? De simples rapports entre des antécédents et des conséquents. Elles disent ce qui arrive dans telles conditions. Elles sont incapables de poser elles-mêmes les conditions premières. Elles disent la solution du problème dont la donnée est posée. Elles ne peuvent poser elles-mêmes les données du problème.

Isolées, elles n'expliquent rien dans l'univers. A plus forte raison n'expliquent-elles pas les adaptations merveilleuses qui lient l'avenir au présent. Elles n'expliquent ni l'ordre qui brille dans certaines parties de la nature, ni le désordre apparent des autres parties.

Si le hasard était le principe, l'ordre n'apparaîtrait nulle part. Si les lois qui régissent les phénomènes étaient le seul principe du monde, le monde se développerait suivant une forme logique comme une série de théorèmes partant d'un même principe unique. C'est ce qu'a dit Hegel, mais l'expérience a démenti ses vues *a priori*. L'univers n'aurait pas cette variété capricieuse qui nous étonne et que nous admirons.

Si le hasard et les lois régnaient ensemble, ce serait un conflit perpétuel et rien ne serait certain dans la science, le hasard pourrait démentir toutes les prévisions. Tout s'accorde, au contraire, quand on admet une cause infiniment sage, mais absolument libre, et qui ne nous révèle de ses desseins que ce qu'elle veut, qui pose les règles de succession des phénomènes, qui garantit leur retour régulier, mais qui a donné à cette série un point de départ librement choisi par elle-même.

Aussi la croyance au Dieu chrétien est justifiée par le spectacle du monde physique, et on peut appliquer aux savants de nos jours le reproche que saint Paul a adressé aux philosophes de son temps. Ce qui peut être connu de Dieu, dit-il, leur a été montré. Dieu le leur a manifesté, car ses perfections invisibles sont devenues apparentes par les choses qu'il a faites, ainsi que sa puissance éternelle et sa divinité, de sorte qu'ils sont inexcusables, car ayant connu Dieu, ils ne l'ont pas glorifié, mais ils se sont perdus dans la vanité de leurs pensées, et leur conscience s'est obscurcie ; se disant sages, ils sont devenus insensés.

Tout autre est la conduite de ceux qui suivent fidèlement la lumière reçue. Ceux-ci aperçoivent clairement Dieu dans certaines de ses œuvres, dans les lois de la physique, dans les jeux savants de la lumière, dans les formes géométriques des cristaux, dans la marche régulière des astres, dans les adaptations merveilleuses du règne organique. Ils se résignent à ne pas comprendre le secret de l'univers ; ils ne se croient pas le droit de mettre en question ce qui leur paraît évident à cause de ce qui reste obscur. Ainsi, au lieu de les troubler, l'énigme de l'univers ne fait que les confirmer dans leur croyance, et leur manifester à la fois la sagesse infinie, la souveraine liberté et la toute-puissance mystérieuse du Créateur.

Imprimerie BUSSIÈRE, à Saint-Amand (Cher).

www.ingramcontent.com/pod-product-compliance
Lightning Source LLC
Chambersburg PA
CBHW051133050726
47594CB00003B/1077